LO QUE DICEN LOS DEMÁS

«¡Poderoso! ¡Provocador! ¡Impactante! ¿Cuándo fue la última vez que leíste un libro donde reías a carcajadas en un minuto y al siguiente contenías las lágrimas? Hubiera deseado tener esta información cuando nuestros hijos eran pequeños. Tengo tres hijos, Mike, Tom y Marc, y cada uno tiene un hijo pequeño. Le voy a regalar un libro a cada uno, confiando en que muy pronto usarán estos recursos. ¡Gracias, Ed!».

Bill McCartney
Ex entrenador de fútbol de la Universidad de Colorado y fundador de Guardadores de Promesas

«Este libro está escrito por un verdadero padre y pastor que conozco y amo. He sido testigo de la influencia directa y significativa que ha tenido en las vidas de sus hijos y en la vida de numerosos adultos sin padres. Su mensaje es convincente, inspirado por el Espíritu y práctico. Este es un material útil y bueno».

Dr. Robert Johnson
Psiquiatra e instructor de ejecutivos en The Life Design Group

«No sé cómo expresar cuánto disfruté la manera en que presentaste el papel de un padre justo. Espero que todos puedan tomarse el tiempo de leer este libro y ver la función de un padre y lo importante que es el desarrollo de un hijo fuerte y fiel. Este libro me hizo llorar, causando que me regocijara de mi propia relación con mi padre cuando era niño y como hombre. Que Hashem también bendiga este trabajo como un maravilloso puente de las diversas religiones».

Rabí Steven Berkowitz
Bremerton, WA

«Ed ha impartido este material en nuestra iglesia durante los últimos diez años... ¡y da resultado! He visto a nuestros hombres cobrar vida cuando experimentaban el amor de su padre mientras otros hombres hablaban de "la bendición" sobre sus vidas. Esto les ha enseñado a nuestros hombres a pasar de su corazón "la bendición" en palabras sobre los corazones de sus hijos e hijas. Tengo cuatro hijos adultos y, sin duda, Ed nos ha mostrado a mí y a nuestra iglesia la influencia que tiene un padre».

Jeff Newman
Pastor, Austin, TX

«¡Al fin! ¡Un libro que provee una verdadera bendición tangible para ti y tus hijos que cambiará la relación de tu familia para siempre!»

David A. Wheeler
Presidente de Majestic Realty Co., Los Ángeles, CA

«De niño a joven. De joven a hombre. ¿Que más puede pedir un hijo? Gracias, papá, por ser determinante. ¡Estoy listo!».

Edward Elijah Tandy McGlasson IV
Hijo de Ed Tandy McGlasson

ED TANDY McGLASSON

Cuando Papá está presente

El llamado al magnífico destino de tus hijos

Publicado por
Editorial Unilit
Miami, Fl. 33172
Derechos reservados

© 2009 Editorial Unilit (Spanish translation)
Primera edición 2009

© 2004 por Ed Tandy McGlasson.
Originalmente publicado en inglés con el título:
The Difference a Father Makes por Ed Tandy McGlasson.
Publicado por Ampelon Publishing
Boise, ID 83714, USA.
Todos los derechos reservados.

Traducción: Ampelon Publishing
Diseno de la portada: Ximena Urra
Fotografías de la portada: Image © 2009 Liv friis-larsen;
Image © 2009 Gordan; Image © 2009 Yuri Arcurs.
Usado con la autorización de Shutterstock.com.

Reservados todos los derechos. Ninguna porción ni parte de esta obra se puede reproducir, ni guardar en un sistema de almacenamiento de información, ni transmitir en ninguna forma por ningún medio (electrónico, mecánico, de fotocopias, grabación, etc.) sin el permiso previo de los editores, excepto en el caso de breves citas contenidas en artículos o reseñas.

A menos que se indique lo contrario, las citas bíblicas se tomaron de la Santa Biblia, *La Biblia de Las Américas*. © 1986 por The Lockman Foundation.
Las citas bíblicas señaladas con NVI se tomaron de la Santa Biblia, *Nueva Versión Internacional*. © 1999 por la Sociedad Bíblica Internacional.
Las citas bíblicas señaladas con LBD se tomaron de la Santa Biblia, *La Biblia al Día*. © 1979 por la Sociedad Bíblica Internacional.
Utilizadas con permiso.

Producto 495734
ISBN 0-7899-1787-4
ISBN 978-07899-1787-4

Categoría: Vida cristiana/Relaciones/Crianza de los hijos
Category: Christian Living/Relationships/Parenting

Impreso en Colombia
Printed in Colombia

*A mi padrastro, el capitán Daniel E. McGlasson,
quien me llamó a convertirme en el padre que soy hoy,
y a mi difunta madre, Jeanne, quien fue mi mejor
admiradora.*

CONTENIDO

Reconocimientos 11

Prólogo de Brian Holloway 13

Introducción
Con la mirada hacia las gradas 17

Capítulo uno
La influencia en mi vida...25

Capítulo dos
No te conformes con menos 39

Capítulo tres
El proceso en el rito del paso 51

Capítulo cuatro
La vida con la sonrisa del Padre 65

Capítulo cinco
La creación de la sonrisa de Dios en tus hijos.............79

Capítulo seis
Besos y abrazos: Tu plan estratégico 95

Epílogo
El llamado 109

RECONOCIMIENTOS

Quiero darle gracias al Dr. Rob Johnson por lo importante que ha sido su amistad en mi vida. No puedo calcular cuántas horas me ha escuchado, apoyado, preguntado y me ha motivado para seguir mi sueño. Su don como escritor y editor hizo legible este manuscrito de un jugador de fútbol americano.

A Brian Holloway cuya amistad e inspiración en los últimos treinta años me han dado el valor para esforzarme y distinguirme. Tiene la habilidad de hacerte creer que puedes cambiar el mundo. Tenerlo como un amigo después de todos estos años es una de mis grandes alegrías.

Estoy muy agradecido a mi esposa, Jill, cuyo toque de amor y constante apoyo hizo posible la escritura de este libro. Es mi amiga, esposa, amante y consoladora en estos últimos veintiún años.

A mis increíbles hijos Edward, Jessica, Mary Lee, Lukas y Joshua, quienes me han amado a través de la travesía de convertirme en padre. No hay nada en mi vida que se acerque al sentimiento que tengo cuando me dicen que he estado presente en sus vidas.

A mi familia de California que siempre me apoyó, los Andersen, Nelson, Andrew y Nanny y Ole.

A la familia de la costa este en Maryland que creció conmigo «al estilo de la marina». Los amo, Cindy, Chan y Daniel.

A mi tía Bárbara, y primos, Maurice, Nina, Nanette, Walter y Chris: están en mi corazón.

A mis amigos del grupo de hombres que me apoyó de manera sacrificial para convertirme en el hombre que soy ahora. Sus constantes oraciones, su sabiduría y sinceridad cuando las necesitaba han sido determinantes en mí. No hay muchos lugares en los que se encuentran amigos para toda la vida. Gracias Dave, Ron y Rob.

A Jason Chatraw, quien después de venir a una de mis conferencias en Atlanta, me persiguió sin descanso hasta que se escribió este libro. Tu habilidad de escritor, corrector y editor ha hecho de este proyecto un gozo. Y un agradecimiento especial a Margaret Chatraw, quien pasó horas leyendo con sumo cuidado estas palabras en la edición.

A mi iglesia, *Stadium Vineyard*, no hay suficiente espacio para escribir todos los nombres de esos cuyo amor me está convirtiendo en el pastor llamado por Dios.

A mi equipo de trabajo en *Stadium Vineyard*, a Ellen por tu trabajo en el manuscrito y tu amistad, a Glenn, quien siempre estuvo para alentar y apoyarme. A Jonathan Rue, que cada vez más es un gran predicador y comunicador, cuyo celo para servir a Dios y su disposición para hacer lo que haga falta me ha inspirado.

Una nota final

Algo maravilloso acaba de pasarme cuando terminé este libro. Mi esposa, Jill, decidió que era tiempo de encontrar la familia por parte de padre, con la que perdí contacto cuando murió mi padre. Tomó un día de nuestras vacaciones y encontró a la familia de mi padre, «Los Chappellet». El abrazo amoroso de mis primos me ha conmovido para siempre. Bendiciones, Donn y Molly, Lygia y Carlos, Cyril y Blakesley, Jon-Mark y Colleen, Dominic y Sara, Alex y JP, y Carissa, mi prima que es Embajadora en Misión Extraordinaria.

PRÓLOGO

Puedes sentir la pesadez en el vestuario. Howie Long estaba sentado en silencio; Marcus Allen estaba empacando su maleta para viajar; Bo Jackson estaba mascando semillas de girasol. La frustración era tan densa y el dolor tan real que nadie hablaba. Los Broncos de John Elway nos ganaron y nos humillaron.

Los *Raiders* no habían tenido una temporada tan baja como esta, nunca. Sabía que pronto me retiraría del campo para siempre. Los últimos ocho años en la *NFL* fueron agotadores (con los *Patriots* de Nueva Inglaterra), el frío había afectado mis huesos y cobrado muy alto precio. Ahora, todo me dolía. Los rayos X revelaron un dedo roto; la operación se programó para el día siguiente.

Mientras viajaba por la autopista 101 hacia Long Beach, se suponía que debía estar pensando más en nuestro siguiente rival, pero todo lo que pensaba era en buscar a Ed.

En algún lugar por toda esta carretera en el condado de Orange estaba mi querido amigo. Solo tenía que hablar con él. No podía recordar su dirección; perdí su número de teléfono. Los medicamentos analgésicos y antiinflamatorios nublaban mis pensamientos. Me encontraba en un punto de mi vida donde los problemas, las adversidades y la pesadez de la vida empezaban a rodearme. Como hombre, no tenía en realidad muchas personas con las que pudiera hablar, hombres de confianza.

Sin embargo, Ed siempre sabía bien la palabra apropiada. Hacía que todo pareciera más fácil o quizá solo quisiera escucharle reír de nuevo. Todo lo que sabía era que tenía que buscarlo. Una vez que te encuentras con Ed, tienes que hacerlo para siempre. Tenía muchísimo que decir, pero no sabía si alguna de esas palabras saldría en realidad. Es probable que solo colapsara en sus brazos. Confiaba en Ed. *Brian Holloway, 1988.*

Ahora mismo, sujetas un tesoro llamado *Cuando papá está presente*. Este libro desatará el poder, el entusiasmo y el brío que Dios quiere para nosotros, como hombres, a fin de ir y «conquistar la tierra», viviendo con audacia y valor. Este libro también tocará ese lugar en un hombre que necesita «sentir», sostener con ternura y llorar con abundantes lágrimas que solo un hombre de verdad puede derramar.

Hace casi treinta años que conozco a Ed, y me ha enseñado mucho acerca de ser un varón de Dios, un esposo y un padre. Ed es una roca, un hombre que busca el corazón de Dios. Sabía que la *NFL* no lo podía tener por mucho tiempo... Dios tenía planes mayores para él. Su sabiduría va más allá de sus años con un mensaje para los hombres, los líderes y las familias que están listas para avanzar hacia el siguiente nivel.

Si sucede que estás en este punto de tu vida como esposo, padre o hijo clamando por ayuda, estás en el lugar adecuado. Ed ha invertido los últimos veinte años de su vida en la travesía más atrevida y emocionante de todas... conociendo el corazón de Dios. Este libro te ayudará a comenzar una transformación especial que te llevará desde el éxito al propósito; ese tiempo especial en tu vida donde Dios te llama a pasar «de lo que haces» a «lo que tienes el llamado a ser».

Cuando termines de leer *Cuando papá está presente*, asegúrate de prestarle el libro a un amigo, quizá hasta a tu padre... o a tu hijo. Estarás feliz de haberlo hecho.

Brian Holloway
Tackle estrella de la NFL y conferenciante inspirador

INTRODUCCIÓN

Con la mirada hacia las gradas

Hace poco, mientras hablaba a un grupo de jugadores de fútbol en un instituto de la localidad, le pregunté a uno de los jóvenes atletas:

—Cuando estás en el campo, ¿alguna vez miras hacia las gradas?

—Sí —respondió.

—¿A quién buscas? ¿Y por qué? —le pregunté.

—Busco a mi papá —me respondió—. Lo busco ya sea que esté o no sonriendo.

—¿Qué se siente verlo sonreírte? —le pregunté.

—No hay nada en mi vida que signifique más para mí

que lo que mi papá piense de mí —respondió—. Cuando mi papá está ahí viéndome, ¡no hay nada que no pueda hacer!

Cuando estás en el campo de la vida, ¿a quién buscas en las gradas?

> ¿Entienden los padres el poder que se les ha dado para distinguirse en la vida de sus hijos?

Mientras jugaba el campeonato de béisbol en la ciudad, a mi hijo de once años de edad, Luke, lo poncharon en su primer turno al bate en el juego. Agachó la cabeza y se enfurruñó mientras regresaba a la banca. Buscando mi reacción, miró a escondidas por debajo de su casco, echando un vistazo en mi dirección. Levanté mis brazos en victoria y grité: «¡Eres un campeón, hijo! ¡Vas a lograrlo en el siguiente!». Su ceño fruncido se transformó en una sonrisa. En su siguiente turno al bate, golpeó la pelota dando contra la cerca del jardín central en el primer lanzamiento. Mientras pasaba la segunda base, levantó sus manos y me dio la señal de victoria. Atrapó mi sonrisa a través de su vida y su rostro reflejó el amor que sentía por él.

A menudo, las gradas de las Ligas Menores están llenas de mamás, pero desprovistas de papás. ¿Dónde están los padres? Esa es la realidad que atormenta a mucha gente joven que conozco. ¿Entienden los padres el poder que se les ha dado para distinguirse en la vida de sus hijos? ¿Cómo era tu papá? ¿Tenía su cabeza gacha, moviéndola desilusionado cuándo no lograbas el gran juego? ¿Incluso tenías a papá allí? ¿O era el que te animaba sin importar lo que hicieras?

INTRODUCCIÓN

Si eres papá hoy, ¿qué clase de padre eres?

Un padre involucrado puede distinguirse en la vida de su hijo. Su amor y cuidado pueden ser el factor decisivo en ayudar a un joven para que llegue a ser la persona para la que le crearon. Cuando nuestros corazones están llenos de seguridad y confianza en un padre que nos ama, dejamos de vivir *por* la aprobación de nuestro padre y comenzamos a vivir *a partir de* su aprobación. Debido a nuestra convicción de su infinito amor y entrega, somos capaces de ser la persona para la que nos crearon y, en el proceso, traer contentamiento a nuestro papá.

Si estás pensando: «No tengo idea de cómo es eso» o «Mi padre nunca aprobó nada de lo que hacía», no estás solo. Además, si estás pensando: «Así no soy con mis hijos e hijas», no es tarde.

Hace poco recibí una carta de un hombre que asistió a una de mis conferencias. Recuerdo que se me acercó con lágrimas en los ojos y me preguntó si era demasiado tarde para distinguirse en la vida de su hija.

—No —respondí—. Nunca es tarde de este lado del cielo para distinguirse.

—Iré a casa y haré lo mismo que hiciste con tu hija —siguió diciendo este joven padre.

—¡Ve y hazlo, papá! —le dije.

Dos semanas más tarde me escribió estas palabras:

> Mi hija tiene diecisiete años y asistirá a la universidad este otoño. Mi corazón se conmovió tanto cuando contaste la experiencia que tuviste con tu hija que hice casi lo mismo. Le compré un buen anillo de diamantes y le pedí que saliéramos a cenar la noche antes de mi siguiente

viaje de negocios. Estaba sorprendida, y a la vez ansiosa, por la cena; creo que debido a que había estado viajando mucho ella pensaba que solo quería pasar tiempo a su lado. Así que la llevé a su restaurante favorito. Una vez que nos sentamos, y ordenamos nuestra comida, me preguntó: «¿Qué fue lo que hice?». Le dije que quería tener este tiempo con ella para decirle lo mucho que la amaba y lo orgulloso que estaba de ella.

En ese momento, ambos tuvimos que respirar profundo con lágrimas en los ojos. Entonces, continué, luchando para expresar con palabras sus muchos valores y logros de los que estaba tan orgulloso. Luego, me levanté, me arrodillé y saqué el anillo. Cuando lo vio, debo decir que su expresión fue de puro gozo. Como empezó a llorar, la miré a los ojos y le dije: «Me gustaría preguntarte si entrarías en un pacto de promesa conmigo y aceptarías este anillo como un símbolo de nuestro pacto. Este anillo se le dará al hombre que tú y yo aceptemos ante Dios que es digno de recibirlo en tu noche de bodas. Hoy, te llamo a ser una mujer, y te trataré como tal desde este día en adelante».

Estaba muy emocionada; los dos nos abrazamos y tratamos de contener las lágrimas, pero en realidad no me importaba los que me rodeaban porque, en ese momento, nada más importaba. Ahora juntos estamos leyendo un libro y estamos emocionados por lo que Dios ha guardado para nosotros.

INTRODUCCIÓN

La comprensión de la línea de meta

Uno de los mayores problemas que enfrentan los hijos en nuestra cultura es que no tienen idea cuándo alcanzan la línea de meta y se convierten en un hombre o una mujer. ¿Alguna vez has definido esa línea de meta? ¿Cuándo es el día que un niño pequeño se convierte en hombre y deja de tratar de probarse a sí mismo que es alguien? ¿Cómo es que una pequeña niña pasa a la vida de ser una mujer?

Estas son todas las preguntas que debemos responder si vamos a ser padres que ayudemos a nuestros hijos a ser todo para lo que les crearon. Este libro trata de desatar el increíble poder que Dios puso en nosotros, como hombres, para ser determinantes llamando a esta siguiente generación de hombres y mujeres que se convertirán en nuestros futuros líderes.

Cuando un empresario de la localidad pasó por mi oficina hace poco, me miró y dijo: «Ed, la mayor lucha de mi vida es aprender la manera de lidiar con mi hijo adolescente. Hace y dice cosas que me dan ganas de romperle la cabeza. Me encuentro luchando en contra de mucha ira. Digo cosas que lo hieren. Descubro que hago lo mismo que hizo mi padre conmigo. Tengo muchos deseos de ser un padre que resalte las grandes cosas que sé que tiene mi hijo. Sin embargo, no sé cómo hacerlo». Mientras muchos hombres desean ser el tipo de padre que aliente vida en la vida de sus hijos, nunca se les ha dado orientaciones para llevar a cabo esa anhelada función.

En las siguientes páginas, quiero llevarte a un viaje de descubrimiento, donde revelaremos los tesoros ocultos de lo que significa ser un padre que se distingue en la vida de sus hijos. Nuestra discusión será sincera y con sentido, desafiándote a ser el padre que quizá nunca has tenido. Además, aun cuando no hayas tenido nunca un padre, te mostraré cómo conectarte con el mejor Padre de todos los tiempos y vivir tu vida con su sonrisa.

Desde que escribí la primera página de este libro, estaba decidido a contarte no solo de mi travesía, sino a responder la pregunta de «Sí, ¿pero cómo lo hago?».

Recuerdo el primer día en el campo de entrenamiento cuando me llamó el equipo de fútbol americano los *New York Jets*. El entrenador entregó a cada uno un manual de juegos de quince centímetros de grosor, lleno de cientos de estrategias de fútbol. Cuando el entrenador principal Walt Michaels se paró para dar su discurso de bienvenida, levantó el manual y dijo: «Chicos, su responsabilidad es aprender estas jugadas. Yo no voy a tomarlos de la mano y obligarlos a estudiar esto, pero hay una cosa que les evitará ser parte de este equipo». Luego dijo algo que nunca olvidaré.

Dijo: «Si no sabes lo que estás haciendo cuando estás en el campo, vas a impedir que gane el resto de este equipo, y nunca cumplirás tu sueño de jugar en la Liga Nacional de Fútbol».

Casi todos los padres jóvenes que conozco quieren destacarse, pero no saben cómo hacerlo. En muchísimas de sus historias, faltaba la bendición de su propio padre. ¿Cómo puede un hijo que nunca ha tenido la bendición de su padre darles una bendición a sus hijos? Vamos a repasar juntos esa pregunta.

Al final de este libro, incluí un plan estratégico que te enseñará la afirmación positiva influyente, la bendición pública, los valores y rituales comunes, el tiempo de

INTRODUCCIÓN

calidad, la incorporación de la estructura y una constante celebración en la vida de tus hijos y los que estás discipulando.

Mi esperanza es que este libro deje en ti un hombre cambiado con una familia transformada.

CAPÍTULO UNO

La influencia en mi vida

La vida como piloto de prueba de la Marina de Estados Unidos era una aventura para mi papá, el teniente Ed Tandy. Desplazándose por los cielos a velocidades superiores a los novecientos kilómetros por hora, en su avión de caza *Fury Three*, el teniente Tandy determinaba si esos aviones cumplían con el propósito para el que se diseñaron. Sin embargo, en un fatídico día de 1956, determinó mucho más que eso… y solo tuvo segundos para hacerlo.

La misión de Tandy era probar el sistema de oxígeno que fallaba muchas veces, la cual reveló que todavía estaba defectuoso. Mientras hacía maniobras a gran altura, Tandy comenzó a perder la conciencia. Su avión empezó un descenso sin control hacia una playa de California llena de gente disfrutando el sol. Mientras caía en picada, Tandy recuperó la conciencia y de inmediato enfrentó la mayor decisión de su vida: o bien abandonaba la nave y se salvaba, dejando que el avión se estrellara en la concurrida playa en la bahía de Monterrey o volaba hacia el agua para salvar a los que estaban en la playa. Con una joven esposa embarazada de su primer hijo, la decisión no era nada fácil. No obstante, Tandy ya había tomado la decisión la tarde anterior mientras leía su Biblia.

«Ven»

Al abrir su Biblia en la tarde anterior a su vuelo de prueba, Tandy comenzó a leer la historia de Jesús caminando sobre el agua en Mateo 14. Mientras analizaba en detalles el pasaje, una palabra parecía sobresalir.

> *Respondiéndole Pedro, dijo [a Jesús]:*
> *Señor, si eres tú, mándame que vaya a ti sobre*
> *las aguas. Y Él dijo: Ven. Y descendiendo Pedro*
> *de la barca, caminó sobre las aguas,*
> *y fue hacia Jesús.*
>
> Mateo 14:28-29

Circuló con su bolígrafo rojo la palabra «ven». Algo en esa palabra se apoderó de Tandy que su semblante cambió de repente. Su esposa vio la mirada en su rostro y preguntó: «Ed, ¿voy a perderte?». Tandy respondió: «No. ¿Por qué dices eso?». Solo preguntó porque detectó una mirada que desconocía en sus ojos. Esa noche, Dios le habló al teniente Ed Tandy acerca de la importancia de seguir su voz. Menos de veinticuatro horas después, Tandy escuchó la voz de Dios fuerte y clara.

Para algunas personas que se soleaban en la playa de Monterrey, el avión sin control de Tandy debió haber parecido algún tipo de espectáculo especial de aviación. Sin embargo, para una joven esposa que espera embarazada su primer hijo, no era ningún espectáculo. Era un día que cambiaría su vida, y la vida de su hijo, para siempre.

En la fracción de segundo que tuvo para decidir, el teniente Tandy tomó la decisión de irse lejos de la costa hacia el mar, piloteando su avión de guerra hacia la gloria. Un testigo visual informó que el avión comenzó a recobrarse de su picada, pero cuando perdió altitud, de repente se lanzó directo al agua.

Una simple palabra de su padre celestial le dio la valentía para afrontar este destino. En las vísperas del Día de Recordación de 1956, a un héroe le dieron la bienvenida en el cielo.

Sabiendo la clase de hombre que fue mi papá, mi mamá me dijo que creía que Ed oyó la misma palabra que circuló la noche anterior en su Biblia, respondiendo el llamado que decía ven.

¿Dónde están los padres?

Podemos mirar alrededor y ver las consecuencias devastadoras en las familias y las sociedades donde se crían los hijos sin padres involucrados y eficientes. Se nos ha dado una tremenda responsabilidad de ayudar a llevar a nuestros hijos hacia el destino que Dios tiene para ellos, aunque quizá luchemos con las ideas de cómo llegar a esa meta.

La muerte de mi papá antes de mi nacimiento pudo ocasionar un ciclo en la que mi joven vida se disparara fuera de control. Como yo, tal vez tú no hayas conocido a tu padre. O, a lo mejor, lo conociste como un alcohólico o abusador. Quizá solo lo vieras los fines de semana como resultado de un hogar roto. O es posible que tu papá estuviera allí toda tu vida, pero nunca lo hizo de manera emocional.

Sin importar tu situación, todavía hay esperanza... porque tienes un Padre celestial que por siempre y para siempre es mucho mejor que tu padre terrenal, sin importar lo grande que pudiera ser. Mi Padre celestial fue el que me habló y me explicó que las últimas palabras en la mente de mi padre antes que muriera, «ven», fue la misma palabra que Él puso en mí para usarla como invitación a otros para que lo conozcan. Además, mi Padre celestial fue el que rodeó mi vida con sus brazos amorosos y me ayudó a encontrar mi identidad en Él.

Es posible que todavía no entiendas por completo el poder que tienes como padre para influir en la vida de tus hijos debido a que nunca tuviste un modelo en tu vida. Sin embargo, Dios te ha dado una tremenda responsabilidad como hombre para ayudar a guiar a tus hijos hacia el destino que Él tiene para ellos. Y debido a que Dios es un Padre bueno y amoroso, puso en ti los recursos necesarios para guiar a tus hijos hacia sus destinos.

¿Cómo sé cuando he llegado?

Fui afortunado de tener un padrastro que me amara como si fuera su propio hijo. A través de su liderazgo y dirección, supe el punto en mi vida en el que me convertí en hombre. Ese conocimiento me dio la valentía y la confianza de salir y buscar mis sueños. También me permitió convertirme en un padre productivo con mi propio derecho.

Cuando leí su libro *Salvaje de corazón*, John Eldridge formuló una pregunta que se ha quedado conmigo: «Aun si no puede expresarlo muy bien en palabras, a cada hombre le persigue la pregunta: "¿Soy un hombre en realidad? ¿Tengo lo que se requiere [...] cuando esto tiene importancia?"». Esa es una gran pregunta con la que lucha todo joven. Quizá hasta más apremiante sea esta pregunta: ¿Cómo sé cuando he llegado? ¿Cuándo un niño se convierte en hombre? ¿Cuándo una niña se convierte en mujer? ¿Y cómo lo saben?

Si te estás haciendo estás preguntas, no estás solo. Casi todos los padres en nuestra cultura actual no tienen idea de cómo decirles a sus hijos que son adultos porque nunca tuvieron un modelo para imitar. La tradición judía tiene un rito de paso que marca el día en que un niño entra en la madurez: el bar mitzvá. Sin embargo, la mayoría de los estadounidenses en el siglo XXI no tiene tal ritual.

¿Cuándo fue el momento en que supiste que ya no debías trabajar por el amor de tu padre ni su aprobación? Si no has experimentado ese momento, ¿cuándo te sentirás lo bastante seguro para pasar el resto de tu vida viviendo tus sueños? ¿Cuándo serás capaz de dejar de esforzarte por el afecto y la aceptación de tu padre o los que te rodean?

¿Es eso posible en realidad?

Es difícil saber lo que tu padre piensa de ti si no lo ves nunca. En nuestro país tenemos una creciente epidemia de hogares sin padres. El Dr. Scott Larson, presidente de un ministerio diseñado a alcanzar jóvenes, reveló que el cincuenta por ciento de los hijos en Estados Unidos se van a la cama cualquier noche sin la voz de un padre en sus casas. He llegado a entender que la respuesta a la pregunta que los niños y niñas, como también los hombres y mujeres, quieren saber es esta: ¿Qué piensa en realidad mi papá de mí? Si esa pregunta se queda muy en serio en nosotros, pasaremos nuestras vidas actuando para el público de un solo hombre que no capta ni entiende que lo que importa es su voz.

Establece la dirección para tus hijos

Entonces, ¿quién está fijando el rumbo de la vida de tus hijos? ¿Quién les está diciendo lo que son? ¿Quién les está ayudando a encontrar sus caminos? Si no eres tú, alguien lo hará por ti. ¿La televisión les está diciendo cómo vivir sus vidas? ¿La cultura? ¿Sus amigos?

En una reciente encuesta, Josh McDowell reveló que el setenta por ciento de los jóvenes en su ministerio dijo que el valor número uno en sus vidas es un sentido de familia. ¿Por qué crees que las cafeterías como *Starbucks* tienen auge alrededor del mundo? Porque ese es el lugar al que van los chicos a fin de tratar de averiguar quiénes son. Van y se sientan a escuchar sus historias. Le dan tremendo valor a entretenerse y entablar relaciones, en parte porque no las tienen en casa. Los papás se han pasado la vida desarrollando sus carreras, sin darse cuenta de lo que quieren los hijos hoy en día. Los chicos no quieren casas enormes, autos más veloces, ni más dinero en

> Los chicos no quieren casas enormes, autos más veloces, ni más dinero en el banco.

el banco. Lo que en verdad quieren saber es esto: ¿Qué piensa en realidad mi papá de mí?

Después de la muerte de mi padre, mi madre se mudó al este a principios de julio de 1956, a fin de estar más cerca de sus padres. Un examen médico durante el embarazo dejó a todos preocupados de que la muerte de mi padre afectaría mi salud de bebé en el vientre. Le dijeron a mi mamá que se habían detenido mis latidos fetales. Cuando escuchó las palabras del médico, mi madre volvió a la realidad de la conmoción en que estaba y salió a dar una larga caminata por las calles de Annapolis. Me dijo que oró: «Señor, si salvas a mi hijo, te lo entregaré a ti».

Más tarde ese día, 11 de julio de 1956, nací saludable con tres kilos y medio.

Perdí a mi papá, pero gané un padre

Hay una verdad en la Escritura que habla del propósito de cada vida. Cuando Dios miró desde el cielo, buscaba un campeón para cambiar el mundo. Así que escogió a un joven para que se distinguiera. Su nombre fue Jeremías. Él escribió estas palabras que Dios habló sobre su vida:

> *Antes que yo te formara en el seno materno, te conocí, y antes que nacieras, te consagré, te puse por profeta a las naciones. Entonces dije: ¡Ah, Señor Dios! He aquí, no sé hablar, porque soy joven. Pero el Señor me dijo: No digas: «Soy joven», porque adondequiera que te envíe, irás, y todo lo que te mande, dirás.*
>
> Jeremías 1:5-7

En ese momento, un jovencito se convirtió en hombre mediante las palabras de un Padre. Jeremías pasó a vivir una vida anclada en esas palabras. Lo que me sorprendió de este pasaje es que nuestro llamado es antes de nuestro nacimiento. En otras palabras, tú siempre has estado en la mente de un Padre en los cielos. Él tiene un plan y un propósito para cada vida que crea. Nunca existió un momento en que Dios no estuvo pensando en ti. Hay un poder y libertad en vivir de su amor hacia ti.

No mucho después que nací, mi madre conoció otro oficial de la Marina llamado Dan McGlasson. Se enamoraron y se casaron. Fue Dan el que me ayudó a establecer la dirección de mi vida forjando el carácter que me daría la habilidad necesaria para ir en busca de mis sueños. Mi padrastro fue un motivador. Quería que me superara. Desde limpiar mi cuarto hasta hacer deportes, me motivó a ser lo mejor que pudiera ser.

Una mañana muy temprano, me levantó con un silbato, haciendo una pregunta:

—Hijo, ¿qué quieres ser cuando seas grande?

A las cinco de la mañana, todo lo que podía ver era un póster de Bob Hayes, el hombre más rápido de la Liga Nacional de Fútbol.

—Quiero ser un jugador profesional de fútbol —le dije mirándolo.

—¡Excelente! —me respondió—. Es hora de construir una escalera para alcanzar tus sueños... de peldaño en peldaño.

Antes que me diera cuenta, tenía una pesa de dos kilos atada a cada tobillo en cada una de mis delgadas piernas de once años y me puso nuevas zapatillas y subimos al auto. Me dejó a seis kilómetros de la casa y dijo:

—Si vas a lograr este sueño, hijo, tienes que trabajar más que todos los demás niños de Estados Unidos que están durmiendo ahora. Te voy ayudar con esto. Voy a ir a casa a preparar tu desayuno. ¿Qué quieres?

Recuerdo que pedí bistec, huevos, tortitas de arándano y jugo de naranja. ¡Después se alejó en el auto!

Ese día corrí a casa con esas pesas de dos kilos que se deslizaban arriba y abajo de mis delgadas piernas. Y cuando llegué a casa, el desayuno estaba listo. No hay nada como comer una gran comida después del ejercicio físico. (¡No en vano me llaman el Gran Ed!) Por años, creí que no me crecían los vellos en la parte baja de las piernas debido al roce de esas pesas de dos kilos.

Mi padrastro siguió haciendo esto cinco días a la semana durante toda mi etapa del instituto. Esta disciplina mañanera en mi vida me dio la capacidad mental avanzada sobre otros atletas. Supe que estaba ganando días sobre otros atletas de la escuela que no se levantaban temprano. Y debido a la voluntad de mi padrastro para ayudarme a lograr los sueños es que los alcanzaría al final. Sabía que pensaba que yo era capaz de hacerlo.

Mi rito de paso

A principios de la década de 1970, mi padrastro comandó un submarino petrolero llamado el *Tiranti Fish*. Su labor con la Marina lo tenía fuera por meses. Como familia de la Marina, sabíamos que el término «Med» significaba mar Mediterráneo, y que papá se iría al menos por tres meses para servir a nuestro país en las aguas de las costas de Europa.

Un día mientras su submarino se preparaba para zarpar a fin de realizar maniobras en el mar Mediterráneo, mi madre y yo fuimos al muelle para despedirlo. Con un coloreado chorro de humo ceremonial de los motores, el *Tiranti Fish* de noventa y un metros comenzó a retirarse. En eso, mi padrastro se dio cuenta que había cometido dos grandes errores: Condujo el Volkswagen «escarabajo» hasta el muelle, ¡y todavía tenía las llaves en su bolsillo!

Mi padrastro tomó el megáfono y grito a través de la multitud de las personas que vinieron a despedirlos: «Hijo, hoy eres un hombre. Lleva a tu mamá a casa». En eso, tiró las llaves por el aire hacia el muelle a su hijastro de catorce años... y yo las tomé antes que golpearan el suelo. Recuerdo el sentimiento de ese día al recibir esas llaves con mi mano izquierda. Algo me pasó ese día cuando mi padrastro declaró sobre toda la multitud que yo era un hombre. Recuerdo que tomé las llaves, miré a mi madre y le dije: «Vamos a casa».

Solo había un problema... nunca había manejado.

El error de mi padrastro de no entregar las llaves era obvio; manejar el Volkswagen no era un aparente error. De todas maneras, mi mamá sin experiencia en el manejo de la caja de cambios, enseguida reveló lo grande que era el error. Sin embargo, no había de qué preocuparse... me habían declarado hombre, y aprender a manejar la caja de cambios sería fácil, o así lo pensé.

Después de entrar al auto, metí la llave para prenderlo sin darme cuenta que el auto ya estaba en posición de marcha ni saber cómo usar el embrague. El auto salió disparado hacia unos arbustos pocos metros más allá, antes de una parada repentina. De inmediato, mi madre comenzó a explicarme sus pocos conocimientos acerca del uso del embrague.

Mi siguiente desafío fue encontrar «la marcha atrás» en la caja de cambios. Sin embargo, mi padrastro había mejorado la manija de la palanca de cambios por una con terminación de nogal, solo que la puso con la numeración de costado. Encendí el auto sin pisar el embrague de nuevo y disparé el auto hacia otros arbustos delante de nosotros. Al final, encontré la marcha atrás. Aun así, cuando comencé a retroceder, no me atenía mucho a la coordinación entre el acelerador y el embrague. Mientras alternaba esos dos pedales, el auto comenzó a dar tirones. Mientras trataba de encontrar la velocidad de primera, pisé el acelerador y el embrague. Ponía al auto, y a mi madre, a dar saltos bruscos de atrás hacia adelante, por todo el camino de tres kilómetros hasta la casa, con sus gritos de: «¡Por favor!, ¿podrías dejar de hacer eso?». Aun así, logré llegar a casa porque era un hombre y lo dijo mi padrastro. ¡No creo que mi madre se haya podido recuperar por meses del traumatismo cervical que le provoqué ese día!

Supe que algo había cambiado en mi corazón de catorce años debido a lo que pronunció sobre mí. Aunque fue accidental, su declaración pública sobre mí cambió la forma en que me veía. Después de eso, a mi madre le resultaba difícil lograr someterme. Tuvimos muchas peleas debido a mi malentendido de que ser «el rey» significa servirla, no gobernarla. (Sin embargo, esa es otra historia para otro día).

El desarrollo de las «transferencias»

En mi búsqueda por ayudar a mis hijos a identificar hitos en sus vidas, comencé a buscar algún modelo en nuestra sociedad. Descubrí que en la tradición judía hay tres etapas en la vida de un hijo. En primer lugar, está la relación de un niño con su madre. La madre tiene la responsabilidad de atender el cuidado del hijo hasta que le destete. Luego, el niño se le da al papá hasta que llegue a la pubertad: doce años para las niñas y trece años para los niños. En ese punto, el hijo celebra su paso a la adultez: el bar mitzvá para los chicos y el bat mitzvá para las chicas. (*Bar* significa «hijo» y *mitzvá* significa «de la ley». Te conviertes en «un hijo de la ley»).

Mediante esta ceremonia, hay una transferencia definitiva del padre a Dios, donde un niño se convierte en hombre. Después del bar mitzvá, se les trata como hombres. Sus madres deben darles libertad para vivir su nueva vida. Se les da más responsabilidades, incluyendo tiempo de enseñanza y lectura.

Ahora están graduados.

Cuando yo era niño, hablaba como niño, pensaba como niño, razonaba como niño; pero cuando llegué a ser hombre, dejé las cosas de niño.

1 Corintios 13:11

A muchos hombres les falta ese tipo de experiencia. Tu padre quizá nunca le proclamara al mundo que eras un hombre. Tal vez no te enseñara nunca lo que es ser hombre... y cuál es la transición a la hombría donde sigues tu corazón y persigues tu destino. Cuando tu hombría no está en duda, cuando sabes quién eres, tienes toda la confianza necesaria para ir tras tus sueños.

En las siguientes páginas, hablaré de algunos recursos que nos ayudarán a convertirnos en padres que se distingan en la vida de nuestros hijos. Quiero responder la pregunta que muchos nos hacemos: *¿Qué piensa en realidad mi papá de mí?* y *¿He llegado a pesar de todo?* Las respuestas a esas preguntas nos ayudarán a definir nuestra verdadera identidad y a convertirnos en todo lo que Dios nos ha hecho capaces de ser. También hablaremos de cómo definir una línea meta para nuestros hijos, la cual les permitirá saber y entender cuándo han «marcado tantos» en su vida.

Hay una herida profunda en muchos de nosotros porque nunca conocimos el amor de nuestros padres. Aun así, no tiene por qué seguir siendo una herida profunda. Dios, nuestro amante Padre celestial, puede curar esas heridas ayudándonos a entender y a aceptar su amor por nosotros. Su amor te llamará y declarará sobre tu vida que eres un hombre ante sus ojos.

Ahora bien, hay un tremendo desafío para nosotros como papás a fin de pasarles esa misma experiencia a nuestros hijos. Podemos crear momentos que les permitirán a nuestros hijos saber que llegaron... cuando nosotros como papás levantamos las manos en honor y decimos: «¡Gol! Lo lograste». Hay un momento similar donde nos convertimos en verdaderos hijos de nuestro Padre celestial, donde nunca más tendremos que probar que somos hijos porque la justicia de Cristo se ha depositado en nuestras vidas. Dejamos de conformarnos con menos y vivimos por el gozo que Él nos ha puesto delante.

**Para la guía de estudio y las preguntas del capítulo uno, visita:
www.thedifferenceafathermakes.com**

CAPÍTULO DOS

No te conformes con menos

En la película *Seabiscuit, (Más allá de la leyenda)*, vemos la transformación de un caballo de entrenamiento a un campeón de pura sangre. A pesar de la habilidad de Seabiscuit para galopar a un paso veloz, lo entrenaron para perder. En los campos de entrenamiento, a Seabiscuit no se le permitió desarrollar sus capacidades: correr más rápido que todos los otros caballos.

Mientras comenzaba la transformación de Seabiscuit, hay un dialogo interesante entre el dueño Charles Howard y Tom Smith, el entrenador de Seabiscuit. Con piernas inseguras, Seabiscuit se muestra moviéndose de lado a lado alrededor de la pista, incapaz de correr en línea recta, como si dejara siempre que lo pasen los demás caballos. Entonces Smith le dice a Howard: «Está tan vencido que es difícil decir lo que es él. No puedo evitar la sensación de que le obligaron tanto corriendo en círculo que ha olvidado para lo que nació. Tiene que aprender a cómo ser un caballo de nuevo».

Todos esos años de impedirle que corriera hacia la meta abatieron a Seabiscuit. Entonces, una tarde gloriosa, lo sueltan en una pradera y redescubre su identidad... además, en el proceso, encuentra de nuevo su propósito. Al final, va y le demuestra al mundo su increíble habilidad. Cuando atendían las lesiones de un pura sangre, Smith le dijo a Howard: «Cada caballo es bueno para algo, no debes tirar toda una vida porque esté un poco maltratado».

Mientras miraba esa película, mi corazón se quebrantó por todos esos jóvenes que nunca han tenido a alguien que crea en ellos y les tiraran las llaves. Los veo todos los días, desde tiendas, supermercados hasta cafeterías; anhelando una voz que los saque de su aburrimiento, queriendo desde lo más profundo distinguirse, pero siempre quedan en segundo lugar. Todo lo que Seabiscuit necesitaba era un entrenador que viera mas allá de sus llegadas en segundo lugar y ver que tenía el corazón de campeón por delante.

La vida real de este caballo encendió a nuestro país con esperanza de que el hombre pequeño puede ser determinante en el tiempo que necesitemos esperanza. Las palabras del dueño de Seabiscuit, Charles Howard, sonaron a verdades: «Algunas veces todo lo que un hombre necesita es una segunda oportunidad».

¿Cómo arregla Dios a un quebrantado ser humano como el caballo de carrera? Nos despoja de nuestras propias limitaciones y nos recuerda quiénes somos en realidad, sacando a la luz las mentiras que nos mantenían creyendo que llegar en segundo lugar es lo mejor que podemos hacer. Cuando Cristo entra en nuestras vidas, trae su reino; la transformación comienza en nuestro corazón. Una nueva forma de vivir empieza a formarnos mientras su amor y la Palabra reconstruyen nuestra mente con la verdad de que somos el objetivo de su amor paternal y que nos creó para que nos distinguiéramos en este mundo.

¿Te conformas viviendo en segundo lugar? Esta es una historia de la Biblia que me ayudó en mi viaje.

Conformes con el lado este del Jordán

Hay una marcada diferencia entre un hombre que se enfoca en solo sobrevivir y un hombre que se compromete a sobresalir. El sobresaliente le saca el jugo a la vida. Vive al máximo; vive la vida con sabor. El superviviente solo existe, tratando de sobrevivir cada día.

En el libro de Números, encontramos a todo Israel a punto de cruzar el río Jordán y de entrar en la Tierra Prometida después de andar errantes en el desierto por cuarenta años. Entonces, Dios le dio a Josué el permiso para que llevara a su pueblo a la Tierra Prometida, la tierra con la que soñaban.

Llegó el día para cruzar el río, pero algunos de los israelitas, los hijos de Rubén en particular, solo buscaban seguridad, en lugar de abundancia. Les temían a los nuevos desafíos que quizá trajeran consigo el cruce a la Tierra Prometida. Estaban dispuestos a conformarse con menos en vez de recibir lo que Dios les tenía guardado. Le dijeron a Moisés: «Si hemos hallado gracia ante tus ojos, que se dé esta tierra a tus siervos como posesión; *no nos hagas pasar el Jordán*» (Números 32:5, *énfasis del autor*).

Después de cuarenta años de vivir aferrados a la generosidad prometida por Dios, los atrapó el temor de que no lo lograrían y que los derrotarían los «gigantes» al otro lado del río.

¿Qué haces cuando te enfrentas al cambio y a un futuro incierto? Ellos actuaron como hombres de negocios, midiendo el riesgo y los beneficios. Decidieron que era mejor quedarse al este del río Jordán. De inmediato, Moisés los amonestó: «¿Irán vuestros hermanos a la guerra, mientras vosotros os quedáis aquí? ¿Por qué desalentáis a los hijos de Israel a fin de que no pasen a la tierra que el Señor les ha dado? Esto es lo que vuestros padres hicieron cuando los envié de Cades-barnea a ver la tierra» (Números 32:6-8).

Al final, los hijos de Rubén decidieron pelear en la batalla. No obstante, arriesgaron sus vidas para pelear por algo que no pensaron que podían tener. Después que pasaron todas las batallas, es increíble que se conformaran con menos y regresaran al lado este del río. Sin querer, tomaron la herencia que les debían en el lado oeste del Jordán y volvieron a cruzar el río.

En medio del río, uno de los hijos de Rubén se dio cuenta de que este río separaría a su tribu y sus hijos del resto de las tribus de Israel. Decidieron construir un monumento junto al río para recordarles a su gente y sus hijos que eran parte de las grandes cosas que había hecho Dios. Los hijos de Rubén decían: «Quiero que mis hijos y nietos conozcan que papá solía ser alguien». ¡Huy!

¿Fue ese intento de mala dirección, de borrar sus huellas, acertado? La más triste nota al pie a la historia de

Rubén es que Débora canta acerca de ellos en el libro de Jueces:

> *En los distritos de Rubén hay grandes resoluciones. ¿Por qué permaneciste entre las fogatas escuchando los silbidos para llamar a los rebaños?*
>
> JUECES 5:15-16, NVI

He aprendido que cuando te conformas con menos de lo que diseñó Dios para ti, te conformarás con monumentos y trofeos antes que por los movimientos y las futuras aventuras de Dios.

¿Te conformas con la seguridad y un buen rebaño de ovejas? ¿Decidirás construir un monumento a tus compromisos, en lugar de construir una vida valiente y fructífera? ¿Qué clase de hombre serás? ¿Qué les inculcarás a tus hijos: valor o temor? ¿Te quedarás en el lado este de las promesas de Dios, en vez de vivir en la tierra donde confías que Dios derrotará a tus gigantes?

> Cuando te conformas con menos de lo que diseñó Dios para ti, te conformarás con monumentos y trofeos antes que por los movimientos y las futuras aventuras de Dios.

¿Qué les pasó a los hijos de Rubén que los llevó a conformarse con menos? La respuesta se encuentra en la historia de su padre. Para Rubén, ser el hijo mayor significaba que algún día sería suya la bendición de su padre Jacob. La bendición de un padre era la cosa más poderosa que podía darle a su hijo. Esa bendición se buscó tanto que el padre de Rubén, Jacob, engañó a su propio padre por ella. Rubén vio a su padre darle la bendición a su hijo menor, José. Sin la bendición, Rubén no tenía nada que darles a sus hijos. Así que, aprendieron a conformarse con menos.

Huérfano de padre

Para experimentar a plenitud la vida que Dios tiene para nosotros, debemos primero conectarnos a nuestro Padre celestial. Una de las razones por las que tenemos mucha dificultad para conectarnos al corazón del Padre, e incluso al de nuestro padre terrenal, es porque el pecado rompió esa relación. Antes de que el pecado entrara al mundo, Adán y Eva vivían en la plenitud de lo que deseaba Dios. No había dolor, ni sufrimiento, ni muerte. Adán y Eva tenían el dominio sobre todo. Entonces, el enemigo empezó a contaminar su camino.

Cuando Adán y Eva decidieron comer el fruto prohibido, optaron por ser «padre» de sus propias vidas. No se daban cuenta de que estaban a punto de experimentar la muerte espiritual al romper su cercana relación con su Padre celestial. En el momento que el pecado entró al mundo, la creación se quedó huérfana.

Por muchos años, el único acercamiento a Dios de los hombres era a través de la sangre de becerros, machos cabríos y corderos. Dios preparó un camino para que el hombre experimentara la redención del pecado, pero no era una relación. Ni siquiera pronunciarían el nombre de Dios. Para muchos de los escritores del Antiguo Testamento, Dios como su Padre era un concepto lejano.

Sin embargo, Dios no abandonó a la humanidad. Hizo un camino a fin de restaurar esa relación y volver a traer el corazón del Padre a nosotros. Cuando Jesús entró en escena, no solo vino a pagar el precio por los pecados y la separación de Dios, salió de la tumba y resucitó para darnos una relación con su Padre. Felipe dijo: «Muéstranos al Padre, y nos basta». Jesús dijo: «El que me ha visto a mí, ha visto al Padre». Los discípulos quizá pensaran: «Entonces, eso es lo que parece el Padre: generoso, compasivo, amoroso, firme. Vino para amarnos, curarnos y aceptarnos tal como somos». ¡Eso debió poner sus ideas preconcebidas patas arriba! Comenzaban a darse cuenta de que Dios no era un ser enojado en una distante montaña. Empezaron a entender que el Padre quería descender y relacionarse con ellos.

Como verán, la vida del Padre es la que se distingue sobremanera en la vida. A fin de cuentas, la vida del Padre celestial es determinante en la vida. La vida de mi Padre celestial fue la que, al final, influyó en mi vida, y ahora Él quiere hacer lo mismo en la tuya.

Paternidad real

He aprendido que al padre le toca forjar el magnífico destino de sus hijos. Los niños no se pueden llamar hombres, ni las niñas se pueden llamar mujeres. Se necesita un padre. Y no solo cualquier padre, se requiere un padre que tenga una excelente relación con sus hijos.

El canal CBS sacó al aire un especial llamado «Los mejores momentos en la historia olímpica». Incluyeron al corredor británico Derek Redman cuando se preparó para los Juegos Olímpicos en Seúl, Corea del Sur. Sufrió una terrible lesión que se convirtió en veintidós operaciones.

Después de entrenar toda su vida para las Olimpiadas, no iba a dejar que una lesión lo alejara de perseguir su sueño. Para asombro de muchos seguidores y expertos en el campo, Redman calificó para la carrera de cuatrocientos metros para los Juegos Olímpicos de 1992 en Barcelona, España. El solo hecho de competir en las Olimpiadas ya era una proeza asombrosa. Sin embargo, cuando la pistola disparó para comenzar la carrera, Redman no tenía idea de que estaba a punto de afrontar otro giro de un cruel destino.

A la mitad de la pista, Redman estaba en el carril del centro cuando se desgarró un tendón y se desplomó en la pista. Aturdido y dolido, Redman estaba decidido a completar la carrera. Se paró en un pie y comenzó a cojear por su carril, lloroso, avergonzado y haciendo muecas en obvio dolor. Es más, el dolor de Redman era demasiado para soportarlo solo y parecía como si fuera a colapsar en la pista.

De repente, un hombre vino corriendo desde las gradas por la pista al lado de Redman. Puso su mano en su hombro, justo cuando se desplomaba en los brazos del hombre. Comenzó a ayudarlo a llegar a la meta. Para sorpresa y deleite de los espectadores, los dos avanzaban juntos con dificultad... poco a poco, con dolor, paso a paso, por el resto de la carrera. Cuando al fin cruzaron juntos la línea de meta, la multitud se puso de pie, aplaudiendo y celebrando el valor, la determinación y el compromiso común que presenciaron.

Tras la carrera, todos supieron que el hombre que ayudó a Redman no era otro que su padre, Jim Redman. Después de años de despertarse a las cuatro de la mañana para hacer posible la búsqueda del sueño de su hijo, el viejo Redman tenía una cosa que decirle al joven en la pista: «Derek, comenzamos esto juntos y vamos a terminar esto juntos».

¿Es esa la clase de padre que te crió? ¿Se apresuraría tu papá a tu lado para ayudarte a realizar tu sueño si estuvieras en el lugar de Derek Redman?

Te haré una pregunta más: ¿Cómo sientes que tu Padre celestial responde cuando caes o fallas? ¿Te imaginas un Dios que incluso vendría más rápido a tu lado que el papá de Derek? ¿O supones que Dios se avergonzaría de tu esfuerzo fallido, disgustado porque no estabas lo bastante preparado o abochornado porque no ganaste la carrera?

¿Anhelas oír a tu padre terrenal decir: «Eres el hijo que siempre he querido», o «Me enorgulleces, hijo», pero no está presente o es incapaz de hacerlo? ¿Estás listo para que Dios sane esa herida y declare tu identidad como hombre?

Jesús no solo vino para sanarnos de nuestro pecado, sino para presentarnos al Padre cuya actitud hacia nosotros es de un gozo tan grande que canta y se regocija con nosotros. ¿Sabías que hay una celebración musical que emana del corazón del Padre sobre tu vida cada día? Sin embargo, para oírla, tienes que recibir lo que Cristo hizo por ti. Quizá tú nunca hayas entregado tu vida a Cristo, o no sabes cómo hacerlo. Te mostraré una oración que hice cuando le entregué mi vida a Cristo:

> ¿Sabías que hay una celebración musical que emana del corazón del Padre sobre tu vida cada día?

«Querido Jesús, me doy cuenta que mi pecado me ha separado de Tu amor. Te pido me perdones, y yo recibo lo que tú me diste en la cruz – el perdón de mi pecado. Y recibo la nueva vida que Tú nos diste cuando saliste de la tumba. Yo confieso que Tú eres el único camino y la única forma para ser perdonado y ser salvo de mis pecados en el Nombre de Jesús, amén».

Si hiciste esa oración por primera vez, te tengo grandes noticias: Tu nombre se escribió en el cielo. Así es que un hombre nace de nuevo. Te aliento a que le muestres a un amigo de confianza esta oración que hiciste. Busca a alguien que sabes que ama a Jesús y pídele que te ayude a empezar tu viaje. (Si podemos servirte, contáctanos en nuestra página Web: www.thedifferenceafathermakes.com).

El llamado de un padre

La comprensión de lo que significa ser un padre para tus hijos es un proceso, uno que toma tiempo, y una determinación de hacer que la paternidad sea una de tus más altas prioridades.

No mucho después que me casara con una bella rubia del sur de California, mi amada esposa Jill y yo empezamos a tener hijos. Recuerdo el momento en que nació mi primer hijo Edward. Lo sostuve en alto y me di cuenta de que ahora era papá. En un sentido, fue el día de mi vida de mayor orgullo; pero por otro lado, estaba aterrado. No sabía qué hacer ni cómo ser papá. ¿Cómo puedo criar este hijo? ¿Cómo lo ayudaré en la transición de ser un niño a un hombre? ¿Cómo ayudarlo a descubrir la canción que Dios tiene encerrada en su corazón?

En Efesios 1:18-19, Pablo explica que hay algo que Dios ha colocado dentro de cada uno de nosotros, y Él quiere sacarlo a la luz: «Mi oración es que los ojos de vuestro corazón sean iluminados, para que sepáis cuál es la esperanza de su llamamiento, cuáles son las riquezas de la gloria de su herencia en los santos, y cuál es la extraordinaria grandeza de su poder para con nosotros los que creemos, conforme a la eficacia de la fuerza de su poder».

Para cada persona, hay un secreto en el corazón de Dios acerca de cuál es el propósito para ella. Nuestro trabajo como padres es ayudar a nuestros hijos a descubrir sus propias historias y secretos, y declarar eso sobre sus vidas. Una vez me convertí en padre, empecé a buscar con ahínco en la Escritura a fin de encontrar la manera de liberar este llamado.

**Para la guía de estudio y las preguntas
del capítulo dos, visita:
www.thedifferenceafathermakes.com**

CAPÍTULO TRES

El proceso en el rito de paso

Al inicio de nuestro matrimonio, mi esposa y yo nos comprometimos a hacer recuerdos imborrables con nuestros hijos. Mientras yo me inclino de manera incansable al cambio del mundo cada día y temo perder un minuto de la acción, ella se asegura que obtengamos nuestro descanso, en particular, en forma de vacaciones familiares. Un verano empacamos las cosas y los metimos en los autos, uno con todas nuestras necesidades de vacaciones y el otro con nuestros cinco hijos y nuestro perro labrador... y nos dirigimos hacia la montaña Mammoth.

Después que llegamos y comenzamos a desempacar las cosas del auto, mi esposa se me acerca y me dice que nuestro hijo de once años de edad, Edward, estaba enfadado. Tenía curiosidad del porqué alguien se molestaría al comienzo de nuestras vacaciones familiares.

—¿Por qué Edward está enfadado? —le pregunté a mi esposa.

—Dice que cada año cuando vamos a la montaña Mammoth nunca logra hacer lo que quiere hacer —dijo mi esposa.

—¿De qué estás hablando? —pregunté confundido—. Vamos de pesca. Vamos de excursión.

—Sí, pero no siente que desees hacer lo que quiere hacer él —explicó mi esposa.

—Bien, ¿qué es lo que quiere hacer? —pregunté.

—Tienes que preguntarle —dijo mi esposa.

Entonces me acerqué a Edward y comencé a preguntarle lo que quería hacer en realidad.

—Edward, ¿qué quieres hacer en las vacaciones? —le pregunté.

—¿De veras quieres saber? —preguntó Edward con incertidumbre.

—Sí —dije—. ¿No quieres ir a pescar? Recuerda ese pez grande que pescaste el año pasado.

—No, papá, no me gusta pescar —contestó Edward.

—¿Por qué? —le pregunté.

—Bien, mantengo mi caña de pescar atrapada en los árboles y luego me gritas —dijo Edward—. Rompo todas mis guías, me resbalo a cada momento y me caigo en el agua y empiezo a flotar río abajo... tú me gritas por espantar a los peces. ¡No es divertido, papá!

En ese momento, el Señor me mostró lo enfocado que estaba en mí mismo. Hasta en las vacaciones familiares, mi meta había sido hacer lo que quería hacer. De repente, hubo un cambio real ocurriendo en mi corazón hacia mis hijos. Estaba haciendo lo que hacen los demás padres. Estaba proveyendo para ellos, edificándoles una vida, divirtiéndome a su lado. Sin embargo, cuando examiné mis motivos, me di cuenta que las vacaciones eran todas para mí y lo que quería hacer para descansar. Así es que me di cuenta de que Dios quería hacer algo grande en mi vida: Volver mi corazón hacia mis hijos.

¿Los dejas elegir?

—¿Qué quieres hacer? —le pregunté entonces a Edward.

—Quiero subir a la cima de Mammoth montado en mi bicicleta de montaña. Tomemos la góndola hacia la cima y bajemos en bicicleta —me dijo.

Ahora lo hice. Llenamos el auto con el equipo necesario de primeros auxilios, los cascos, las aspirinas y conduje hasta el hotel de la montaña Mammoth.

Recuerdo que medité: «¿En qué estás pensando?», mientras cargábamos las bicicletas en el anaquel de bicicletas en la góndola. Por supuesto, actuaba tranquilo por fuera, pero por dentro estaba aterrado. Me mantuve pensando en el anuncio de un complejo deportivo: «La emoción de la victoria y la agonía de la derrota». No podía mirar siquiera fuera por la ventana cuando mi hijo me gritó para que mirase a qué altura estábamos.

Llegamos a la cima con el viento soplando a más de cuarenta y ocho kilómetros por hora. Edward dijo: «Sígueme, papá». Este fue mi primer error. Eligió bajar por el camino más difícil, el *kamikaze*. El nombre era indicativo de la pendiente del descenso y la locura del ciclista. Olvidé por completo la seguridad de mi hijo cuando tuve que aplicar al máximo la presión de los frenos a fin de reducir la velocidad de mi cuerpo de ciento cuarenta y siete kilos mientras bajábamos con rapidez a una velocidad espantosa. Incluso con la presión de los frenos al máximo, lo más despacio que podía ir era a cincuenta y seis kilómetros por hora. El otro riesgo ese día fue el camino en zigzag construido en las áreas suaves de granito desintegrado. La idea para maniobrar estos giros es recostarse en la bicicleta de modo que no se hunda la rueda delantera.

En tres diferentes momentos mi rueda delantera se hundió en la cuesta suave, y salí volando. En una ocasión, ¡pensé que había hecho una triple vuelta! Mi hijo me miró hacia abajo, estaba tirado de espaldas y dijo: «¿Estás bien, papá? No había visto a nadie hacer eso antes». Estaba muy agradecido por la misericordia de Dios de que sobreviviera y que no me rompiera nada.

Quizá tú estés allí hoy, y en tus vacaciones estés lustrando tu motocicleta Harley Davidson, cumpliendo tus deseos, haciendo solo lo que tú quieres hacer. Este podría ser un buen tiempo para agacharte y decir: «Oye, hijo, ¿qué quieres hacer?». Solo un consejo: Aléjate de la pista kamikaze.

El niño Jesús en el templo

A medida que Dios empezaba a volver mi corazón hacia mis hijos, empecé a buscar en las Escrituras las formas en las que podría ser un mejor padre y ayudar a mis hijos en su transición a la adultez. Lo que encontré fue algo interesante en el propio rito de paso del niño Jesús.

EL PROCESO EN EL RITO DE PASO

Cuando sus padres le vieron, se quedaron maravillados; y su madre le dijo: Hijo, ¿por qué nos has tratado de esta manera? Mira, tu padre y yo te hemos estado buscando llenos de angustia. Entonces Él [Jesús] les dijo: ¿Por qué me buscabais? ¿Acaso no sabíais que me era necesario estar en la casa de mi Padre?

Lucas 2:48-49

Durante años este pasaje de la Escritura me ha desconcertado. Jesús había estado separado de sus padres por tres días. ¿Puedes imaginar el estado emocional de una madre que ha perdido a su hijo por tres días? Ahora imagina si tú hubieras perdido al Mesías. ¿Te imaginas el cuadro de la búsqueda frenética de María en todos los lugares que había estado? Es probable que estuviera gritando igual que toda madre que no puede encontrar a su hijo enseguida. Quería saber cómo Jesús pudo hacerle esto a su madre. Sin embargo, Jesús le preguntó: «¿Por qué me buscabais?».

¡Qué pregunta tan curiosa la de Jesús! Lo estuvieron buscando porque ellos dejaron a Jesús. Esta fue la versión de Jesús de la película *Solo en casa*. Se había apartado de la caravana de la familia y encontró su camino al templo. Jesús respondió a la pregunta de su madre diciendo: «¿Acaso no sabíais que me era necesario estar en la casa de mi Padre?». La versión Reina-Valera 1960 dice de María y José: «Ellos no entendieron». En otras palabras, María se rascó la cabeza por la respuesta de Jesús. No tenía idea de lo que Jesús quiso decir con su respuesta.

Un día después del almuerzo, un amigo mío judío, el rabí Steven Berkowitz, me aclaró el contexto cultural de este pasaje. El hecho que Lucas señala la edad de Jesús es significativo. De acuerdo con la tradición judía, si un niño judío no tenía padre, iba al templo a responder preguntas con el fin de probar que era digno de tener el bar mitzvá a los trece años de edad. Jesús no tenía padre terrenal. Así es que esto me afectó: Jesús comenzaba su propio rito de paso. Estaba comprometido a una tradición que lo ayudaría a moverse de la niñez a la adultez.

¿Cómo cambia Dios a un niño que no tiene padre terrenal en un hombre y en un padre? Jesús era un huérfano en la Tierra. Y se convirtió en hombre por el amor de su Padre celestial.

Tú puedes venir de un lugar en el que quizá muriera tu padre... ya sea de manera literal o espiritual. Tal vez no hayas tenido la experiencia de su voz que imparte identidad dentro de ti. ¿Es muy tarde? ¿Es muy tarde para que hagas esto por tus hijos? ¿Es muy tarde para distinguirte de manera que perdure?

Encontramos que el viaje de Jesús es el mismo que vino a modelar para nosotros. Mediante el poder de Dios, puede cambiar el cimiento mismo de nuestras vidas. Nunca es demasiado tarde.

El orgullo de su Padre

Otra historia de Jesús que me sorprendió mucho ocurrió el día de su bautismo, el día de su gran comisión. Jesús tenía treinta años de edad cuando fue al río donde su primo, Juan, bautizaba a la gente y la llamaba al arrepentimiento.

Entonces Jesús llegó de Galilea al Jordán, a donde estaba Juan, para ser bautizado por él.

EL PROCESO EN EL RITO DE PASO

Pero Juan trató de impedírselo, diciendo: Yo necesito ser bautizado por ti, ¿y tú vienes a mí? Y respondiendo Jesús, le dijo: Permítelo ahora; porque es conveniente que cumplamos así toda justicia. Entonces Juan se lo permitió. Después de ser bautizado, Jesús salió del agua inmediatamente; y he aquí, los cielos se abrieron, y él vio al Espíritu de Dios que descendía como una paloma y venía sobre Él. Y he aquí, se oyó una voz de los cielos que decía: Este es mi Hijo amado en quien me he complacido.

Mateo 3:13-17

Después del bautismo de Jesús, los cielos se abrieron y una voz dijo: «Este es mi Hijo amado en quien me he complacido». ¿Por qué la voz del cielo? Eso me sorprendió de manera peculiar. Era obvio que Dios estaba muy orgulloso de Jesús. Sin embargo, ¿había más de la historia?

Durante algún tiempo, pensé que se hizo por el bien de Juan el Bautista, pero luego me di cuenta que Juan ya sabía quién era Jesús. ¿Podría haber sido que, en ese momento, Dios ejemplificaba ante todo el mundo el principio que todo hombre y toda mujer necesita oír con claridad lo que siente por ellos? Dios ama a cada hombre, mujer, niño y niña con amor profundo. Y nosotros necesitamos escucharlo, no solo de nuestros padres terrenales, sino también de nuestro Padre celestial.

Mientras más aprendía de la cultura judía, más cuenta me daba del gran significado relacionado al pronunciamiento de Dios sobre Jesús en el río Jordán. Durante un bar mitzvá, en el momento en el que un padre presenta a su hijo a Dios, proclama sobre él en hebreo: «¡Este es mi Hijo amado en quien me he complacido!». Esto fue lo que sucedió con Jesús: Nuestro Padre en los cielos alzó a Jesús sobre sus hombros ante el mundo entero y les dijo a todos lo complacido que estaba con la vida de Jesús.

> Tú no quieres preguntar lo que tu padre piensa de ti... quieres saberlo, y saberlo con seguridad.

¡Tú eres mi hijo amado! ¡Tú eres mi hija amada! Esa es la línea de meta que hijos e hijas quieren cruzar con sus padres antes de entrar a la adultez. Tú no quieres preguntar lo que tu padre piensa de ti... quieres saberlo y saberlo, con seguridad. Estas preguntas que quizá les asalten en la noche («¿Papá me ama en realidad?» o «¿qué piensa papá de mí?»), se borran con una resonante proclamación de amor de su padre.

Armado con este conocimiento, empecé a pensar en lo que podría hacer por mi hijo mayor, Edward.

El rito de paso de Edward

Los principios que encontré en la historia de Jesús fueron dobles: la declaración pública del amor del Padre y la articulación de la línea de meta. Estos principios me han hecho querer crear un momento que sea determinante de manera significativa en la vida de mis hijos, un momento después del cual no hubiera nunca más una pregunta en la mente ni en los corazones de mis hijos acerca de lo que pienso de ellos.

EL PROCESO EN EL RITO DE PASO

Después de escuchar a un amigo mío hablar sobre los ritos de paso y la transición de sus propios hijos a la madurez, yo empecé a formular un plan de cómo haría esta transición con mis hijos a la adultez. Cuando Edward cumplió los trece años, puse mi plan en acción.

Un domingo por la mañana frente a toda la iglesia, llamé a Edward adelante. Mientras se me unía en el frente, le dije: «Nunca antes he hecho esto, pero siento que el Señor quiere que reconozca en público a mi hijo y le confirme». Ante la congregación, empecé a afirmar todas las cosas en mi hijo que me gustaban de él. Sabía bien que este podía ser el momento que cambiaría su vida. Lo sabía porque yo mismo estaba cambiando mientras hablaba estas palabras sobre él. Mientras estaba orando por él y hablando a su vida, dije: «Creo en ti. Y desde este día, hijo, dejas de ser un niño. Tú eres un hombre».

En ese momento, la congregación se puso de pie enseguida y celebró mientras mi hijo y yo nos abrazábamos. Ya había contestado la pregunta en su mente, y quizá en las mentes de quienes estaban en la congregación, y ahora era tiempo de celebrar por haber alcanzado la meta.

Ese día fue significativo en la vida de mi hijo Edward. No mucho después durante una actividad de los Guardadores de Promesas, mi hijo tuvo una experiencia con el Padre y recibió dirección fresca para su vida.

Es obvio que quizá tú no tengas la oportunidad de parar a tu hijo o hija delante de una multitud o una iglesia. Sin embargo, puedes hacer algo igual de extraordinario. No es la cantidad de gente lo que necesitan tus hijos, sino que tu corazón esté comprometido con ellos cien por cien.

Mi próximo desafío fue averiguar cómo pasar a mi hija mayor, Jessica, de una etapa a otra.

El rito de paso de Jessica

Para nosotros los hombres, las chicas son muy difíciles de entender, ya sea que tengan seis años o sesenta años de edad. Sin embargo, por fortuna, no son tan imposibles. Mientras que la responsabilidad del llamado de una hija quizá parezca más difícil que llamar a un hijo, se puede hacer de una forma que ganes el corazón de tu hija por siempre.

Así que, ¿cómo llamas a una niña? ¿Qué es lo que quiere ella? ¿Qué necesita?

La preparación del rito de paso para Jessica tomó más tiempo del que pensaba que sería. Empecé orando por lo que iba hacer, mientras trataba de entenderla. ¿Cuántos de ustedes, hombres, tratan de entender a sus esposas o hijas? ¡Puede tomarte otros cien años! Es verdad... las crearon de manera hermosa, pero algunas veces son difíciles de comprender.

Así que, al final, preparé un plan. Llevé a mi hija a un restaurante italiano y le compré un anillo de promesa con pequeños diamantes engastados en la banda, y escondí el anillo dentro de una flor. Esta salida no era incómoda por completo porque, mucho antes de esta noche, mis hijas y yo hemos adoptado la práctica de salir juntos. El Señor me mostró que si invitaba a mis hijas a salir, no perdería sus corazones cuando alcanzaran la adultez. Creo que la habilidad de mis hijas para alejar las insinuaciones de los chicos está directamente relacionada al amor y el afecto que he sembrado en sus vidas. Algunas veces, mis hijas pelean por el turno de a quién le toca salir en una cita con papá.

Durante mi cena con Jessica, pasé la primera parte de nuestro tiempo diciéndole todas las cosas que me gustan de ella. Mientras hablaba, sus ojos estaban húmedos con lágrimas. Los míos también. Nervioso y emocionado, me sentí de alguna manera como cuando le pedí a Jill que se casara conmigo. En mi corazón, sabía que este momento cambiaría la vida de Jessica.

Mientras decidía cómo quería ayudar a mis hijas a cruzar esta línea de meta de niñas a adultas, decidí modelar la experiencia de cómo un hombre les propondría matrimonio. Me incliné hacia ella y le dije: «Jessica, te entrego este anillo hoy. ¿Estás dispuesta a hacer un pacto ante el Señor esta noche, que en tu noche de bodas estarás preparada para presentarle este anillo a tu esposo y decirle: "Este anillo representa un pacto que hice con mi papá, que me guardaría hasta el matrimonio. Y lo he hecho así"? ¿Llevarías este anillo?».

Jessica empezó a llorar. Y mientras deslizaba el anillo en su dedo le dije: «Jessica estoy aquí para decirte que a partir de este momento, ya no eres una niña... eres una mujer». Y también empecé a llorar.

Ella seguía muy emocionada mientras empezaba a decirle las cosas que prometería hacer para protegerla y guiarla. Las personas en el restaurante que estaban cerca lloraron con nosotros. Algunas personas que estaban sentadas lejos dieron por sentado que le proponía matrimonio y comentaban: «¡Qué loco! Mira a ese viejo proponiéndole matrimonio a esa joven». Sin embargo, debo decir que vivimos en California y también hubo un poco de hombres diciendo: «¡Genial, amigo! Ve por lo tuyo». Poco a poco, la noticia empezó a difundirse por el restaurante que era el papá declarándole a su hija que era una mujer.

A medida que reflexiono en la vida de mi hija desde ese momento, el crecimiento en la vida de Jessica ha sido notable. La responsabilidad que tiene, la persona en que se ha convertido... es una verdadera mujer. ¿Por qué? Porque su Padre en los cielos habló por medio de su padre en la tierra y lo declaró así. Ese es el cruce de la línea de meta.

Ese es el comienzo.

¿La vida después del cruce de la línea de meta?

Si tu corazón está conmovido para ir y declararles a tus hijos que sean hombres y a tus hijas que sean mujeres, recuerda: Esto es solo un hito en el emocionante viaje que puedes emprender con tus hijos. Algunos pasos pueden involucrar los ritos de paso, pero hay muchos pasos más para dar juntos. Me hubiera gustado decirte que todo lo que necesitas hacer es tener una cena con tu hija y declararla una mujer. Estoy seguro que sabes ahora que ser padre es más que eso. Se trata de forjar una estructura en la vida de tus hijos y ayudarlos con el fin de que suceda. Se trata de ayudar a tus hijos e hijas en la transición hacia la adultez.

Mientras que tu hijo puede ser un hombre a tus ojos, es posible que le tome tiempo a tu esposa liberar a su hijo. Ambos necesitan aprender a dejar de dar consejo cuando sus hijos no lo piden. Cambia para usar las destrezas como mentor y entrenador; haz preguntas para ayudarlos en el proceso de tomar sus decisiones. Para mí, significó un cambio mental de ver a mi hijo como «mi niño», al que podía dominar y controlar, a hacer la transición hacia la siguiente fase de nuestra relación en la que ahora lo trato más como uno de mis amigos.

EL PROCESO EN EL RITO DE PASO

Con el objetivo de ayudar a mi hijo a desenvolverse en su adultez, ahora le pregunto qué piensa que necesita hacer en vez de darle sugerencias. Y he aprendido que tenía que hacerlo de tal manera que en realidad supiera que confiaba en su juicio. Entonces un día, el Señor me mostró una forma para enternecer el corazón de mi hijo. Me mostró que necesitaba volverme vulnerable ante mi hijo y permitirle amarme diciendo: «Hijo, tengo un problema aquí. Necesito tu consejo».

Recuerdo un momento específico como ese con Edward. Cuando le pedí consejo, me dijo: «¿De veras? ¡Tú eres el pastor, papá!». Entonces, me dijo lo que hubiera hecho. Recuerdo que se sintió capaz y observé que su confianza creció. Sabía lo que su padre pensaba de él. No le pregunté solo porque quería que se sintiera más importante. En realidad, necesitaba su consejo. Y el Señor lo usó para hablarme.

Al igual que en la tradición judía, estás pasando tus hijos al Señor, equipándolos para escuchar la voz de su Padre celestial al ayudarlos a escuchar el amor y el compromiso en tu propia voz. Quieres ayudarlos a escuchar y percibir el llamado de Dios en sus vidas. El éxito en la vida de tus hijos no solo se determina mediante tus ritos de paso con ellos; más bien, está directamente relacionado a lo bien que te conectes con ellos para que la voz de su Padre celestial pueda guiarlos a su destino.

¡No hay fórmula mágica para hacer grande a un hijo! Sin embargo, criar hijos que se apasionen con Dios y con su propio futuro depende de tu habilidad para equiparlos a vivir una vida que les honre a ellos y a Dios. Los ritos son solo prácticas que pueden ayudarlos a vivir como vivió Jesús.

Entonces, ¿cómo vivió Jesús, quien experimentó un rito con su Padre celestial? Tengo algunos amigos misioneros que han servido en Mozambique por más de siete años y en medio de la gente más pobre del planeta. A pesar de la pobreza rampante, Dios ha derramado su Espíritu en ese país y tiene lugar el avivamiento. Más de cinco mil iglesias se han plantado durante este mover de Dios. Hace poco, me enviaron una nota acerca de sus viajes y de cómo se vive en medio de tanta pobreza. La última línea de su nota me impresionó: «Estamos viviendo aquí con la sonrisa de nuestro Padre».

Me doy cuenta que es justo como vivió Jesús: con la sonrisa de su Padre. ¿Cómo lo hizo?

**Para la guía de estudio y las preguntas
del capítulo tres, visita:
www.thedifferenceafathermakes.com**

CAPÍTULO CUATRO

La vida con la sonrisa del Padre

Viene un tiempo en la vida de cada hombre cuando se detiene y evalúa su vida. Se pregunta: «¿Soy un éxito? ¿Soy todo lo que se supone que sea? ¿Mi vida está honrando a Dios?».

Después de servir como pastor durante veinte años, hace poco llegué a ese punto en mi propia vida. Es fácil mirar al pasado y sentir que te has equivocado y estás muy lejos de donde deberías estar. A los cuarenta y siete años de edad, me sentí como que había experimentado algunos grandes éxitos con mis hijos. Por otra parte, había algunas partes de mi vida que sentía que no llegaban a la meta. Así que fui ante el Señor y le pregunté: «Padre, ¿cómo lo estoy haciendo?».

Mientras estaba sentado en el patio de un restaurante mirando el puerto de Newport Beach, anhelaba con desesperación escuchar a Dios hablar palabras de ánimo para mi vida. Estaba cansado del viaje y sediento por un refrigerio para mi alma. Cuando este sentimiento empezó a fijarse en mí, empecé a leer en Jueces 15 acerca de Sansón. Como yo, Sansón estaba cansado del viaje.

> *Después [Sansón] sintió una gran sed, y clamando al Señor, dijo: Tú has dado esta gran liberación por mano de tu siervo, y ahora, ¿moriré yo de sed y caeré en manos de los incircuncisos?*
>
> Jueces 15:18

Ahí es donde estaba... quebrantado, cansado y desalentado de tratar con retos en mi ministerio. Clamaba a Dios por conexión, validación y renovación.

> *Y abrió Dios la cuenca que está en Lehi y salió agua de ella. Cuando bebió, recobró sus fuerzas y se reanimó. Por eso llamó a aquel lugar En-hacore, el cual está en Lehi hasta el día de hoy.*
>
> Jueces 15:19

Dios escuchó a Sansón.
Dios me escuchó a mí.
Mientras leía estas palabras, noté, con el rabillo del ojo, que una fuente antes inactiva en el restaurante se acababa

de prender, ¡y estaba ahora rebosante! Entonces la música de adoración que escuchaba a través de mis audífonos comenzó a transmitir la letra de una canción por Michael W. Smith que decía: «Puedo escuchar tu voz». Y el Señor empezó a hablarme.

Mientras estaba orando y escuchando al Señor, registré estas palabras en mi agenda: «Solo quiero agradarte, Padre. Te convertiste en mi Padre después que te llevaste al mío, nunca tuve su voz, pero tengo la tuya. No quiero perderte ahora». Enseguida, las palabras de Dios inundaron mi corazón. Me dijo: «Tú no puedes, Ed. Eres un hombre conforme a mi corazón». Entonces, el Señor fue al pasado para describir todos los sacrificios de los que fue testigo en mi vida. Dios no estaba con el ceño fruncido por mi vida... ¡estaba sonriendo!

Necesitamos ser hombres que vivamos por la sonrisa de nuestro Padre, no para los trofeos de este mundo. En ese momento con el Señor, todo lo que me importaba, y todo lo que aún me importa, es que soy su hijo. Sus palabras me llenaron como esa cuenca satisfizo la sed de Sansón que acababa de matar a mil filisteos. Empecé a sollozar con suavidad en el restaurante. Poco a poco, los clientes se alejaron de mi mesa, y el amor de Dios empezó a invadirme mientras se hacía evidente para mí que su sonrisa estaba sobre mi vida.

Lo que queremos en realidad

¿Alguna vez has tenido un momento en tu tiempo con el Señor cuando te pregunta: «¿Qué es lo que quieres?» y sabes que te lo va a dar? En lo más íntimo de tu ser sabes que deberías pedir algo significativo. Durante ese momento con el Señor, tuve ante mí varias direcciones y aventuras potenciales para elegir. Sin embargo, recuerdo que dije: «Solo quiero ser tu hijo». Y me quebranté.

Ya ves, el momento que sabes que es importante de verdad en tu vida, te cambia. Te das cuenta que no se trata de cuánto haces, sino de quién eres. Con cuánta rapidez nos deslizamos a las obras y nos apartamos de la gracia que se nos da con libertad, al tratar de demostrar que somos dignos de su gracia. Es un terreno resbaladizo de la vida, ¿verdad?

Al final, quieres lo mismo que quieren tus hijos: ser el hijo de un padre que sonríe en tu vida mientras persigues tus sueños. Una vez que comprendes cómo vivir para la sonrisa del Padre, logramos ser padres que sonríen en los hijos. Una vez que comprendemos que nunca más tenemos que ganar su aprobación, logramos disfrutar la libertad de vivir para su sonrisa. Al igual que un niño pequeño, podemos caminar y jugar en el campo de nuestros sueños y voltearnos para ver si nuestro Padre está sonriendo. Y Él lo hace.

La experiencia de la sonrisa de Dios

Mientras crecía, toda mi vida se enfocaba en convertirme en un jugador de fútbol. Como te conté antes, mi padrastro me ayudó a construir algunos límites y practicarlos en mi vida que me permitieron alcanzar mis sueños. Cada día mientras me dejaba a seis kilómetros de nuestra casa y manejaba de vuelta para prepararme el desayuno, me desafiaba a ser lo mejor que pudiera ser, a fin de que me convirtiera en el hombre para el que me crearon. Me ayudó a ser un hombre. Sin embargo, nada que hiciera logró prepararme para la caída devastadora de mis sueños ocurrida en un campo de práctica en Youngstown, Ohio.

Durante una práctica de rutina, un entusiasta novato se lanzó por un balón perdido cayendo justo en mi rodilla izquierda. En cuanto hizo impacto conmigo, escuché y sentí que se despedazaba mi rodilla. Los entrenadores me llevaron enseguida al hospital donde los médicos me dijeron que tenía desgarrados los tres principales ligamentos de mi rodilla y que requeriría una operación reconstructiva a la mañana siguiente. Me quedé en estado de choque. En un momento, me robaron la esperanza. Me preguntaba: *¿Jugaría fútbol de nuevo?* Me pusieron una suave escayola en mi rodilla, me dieron varias bolsas de hielo y me enviaron de regreso al dormitorio.

Solo y con miedo, me senté en el dormitorio de la Universidad Estatal de Youngstown, preguntándome acerca de mi futuro, cuando un ministro del campus tocó a mi puerta. Era Bill. Lo había conocido antes en el campus. Me preguntó si podía entrar y conversar conmigo porque se había enterado de mi lesión. Bill preguntó: «¿Puedo leerte un versículo de la Escritura, Ed?». Así que lo hizo y, luego, añadió: «Ed, has logrado muchas cosas para ti, pero te falta una cosa, y es una relación personal con Jesús». Recuerdo que lo miré y le dije: «¿Qué puede hacer Jesús por mí aquí?». Bill me contó la historia del evangelio y leyó un solo versículo que yo nunca había oído: «Porque de tal manera amó Dios al mundo, que dio a su Hijo unigénito, para que todo aquel que cree en Él, no se pierda, mas tenga vida eterna».

No comprendía por qué Dios haría eso por mí; pero sabía que estaba en problemas, y estaba quebrantado. Supe también por primera vez que había tratado de pagar por todos mis pecados... y no podía hacer nada más. Así que recibí a Cristo ese día. Le pedí que viniera a vivir a mi corazón y pagara por mi pecado. Después que oré, Bill hizo algo que más tarde dijo que era poco característico en él. Puso su mano sobre la bolsa de hielo y oró una sencilla oración: «Jesús, sana la rodilla de Ed».

No sentí nada. Mi rodilla estaba aún inflamada y adormecida. Sin embargo, tuve esta certeza dentro de mí como nunca antes. Sabía que Dios me amaba... Él envió a alguien a que orara por mí. Sin embargo, di vueltas en la cama toda la noche. ¡Es difícil dormir con bolsas de hielo alrededor de tus piernas!

A la mañana siguiente, el entrenador vino para llevarme al hospital. No podía sentir mucho en mi pierna a causa del yeso. Me llevaron a una sala de espera y me hicieron poner una de esas batas que no cubre todo alrededor de la persona, aun en un hombre de talla normal. Después de eso, me condujeron por el pasillo para ir a hacerme una artrografía; me inyectaron un contraste en mi rodilla para determinar qué clase de cirugía necesitaba. En esa época, ellos no tenían la técnica de endoscopia. Era operar con bisturí.

Después que el Dr. Michael Vuksta, médico del equipo, estudió los rayos X, empezó a sacudir su cabeza. Me miró y dijo: «Aquí están los rayos X de ayer de tu rodilla y aquí los de hoy. No comprendo, pero de alguna manera todos tus ligamentos están en su sitio. No hay nada malo en tu rodilla». Esas palabras me impresionaron, quebrantándome de manera emocional y espiritual.

> Él encontró un quebrantado jugador de fútbol en Youngstown, Ohio, y me dio un nuevo comienzo.

Hay un Padre que siempre nos ama. Él encontró un quebrantado jugador de fútbol en Youngstown, Ohio, y me dio un nuevo comienzo.

Salté de la camilla para probar mi rodilla. Ya no me tambaleaba en lo absoluto. Empecé a saltar de arriba abajo y a gritar: «¡Aleluya!». Había visto a Richard Prior hacerlo en una película, ¡por eso me imaginaba que así se le daba gracias a Dios!

Después que dejé el hospital, realicé una larga caminata. Estaba llorando. Dios me había sanado y tocado. Tenía muchos deseos de decirle a alguien lo que había sucedido. Al sentarme en un banco, recuerdo que oré y sentí que las palabras de Dios venían a mi corazón. Me había pasado el día preguntándole: «¿Qué quieres que haga con mi vida?». Y escuché estas palabras: «Quiero que juegues el fútbol profesional, pero cuando te pida que me devuelvas tu vida, quiero que me la des». Le respondí: «¿Me quieres jugando fútbol profesional? Si hubiese sabido que eres tan genial, ¡te hubiera entregado mi vida mucho tiempo atrás!».

Estaba en total espera de que me pediría que hiciera algo aburrido y sin incidentes. En realidad, Dios quería que jugara fútbol. Esta fue una noticia emocionante para mí. Sin embargo, no comprendía la segunda parte de la declaración.

Por primera vez en mi vida, vivía con la sonrisa de mi Padre celestial. Sabía que me amaba... y yo lo amaba. No era por lo que hice, sino por lo que soy, su hijo.

Cómo vivió Jesús la sonrisa de su Padre

¿Te has preguntado alguna vez cómo vivió Jesús cada día con la sonrisa de su Padre? Después de llamar a la iglesia a dejar a un lado todo lo que nos impidiera experimentar las promesas de Dios, el escritor de Hebreos explica cómo podemos correr la carrera del mismo modo que Jesús, viviendo cada momento en la completa aceptación del amor y la ternura de Dios por nosotros:

> Por tanto, puesto que tenemos en derredor nuestro tan gran nube de testigos, despojémonos también de todo peso y del pecado que tan fácilmente nos envuelve, y corramos con paciencia la carrera que tenemos por delante, puestos los ojos en Jesús, el autor y consumador de la fe, quien por el gozo puesto delante de Él soportó la cruz, menospreciando la vergüenza, y se ha sentado a la diestra del trono de Dios.
>
> HEBREOS 12:1-2

¿Lo ves? «El gozo puesto delante de Él». Jesús vivió por la sonrisa de su Padre, para las cosas buenas que sabía que Dios tenía guardadas para Él. Le preocupaban mucho menos los desafíos comunes y el dolor que la visión que el Padre le dio respecto a su papel en el Reino. En el Evangelio de Juan, Jesús comunica la profundidad de la relación que tenía con Dios: *«Yo les he dado a conocer tu nombre, y lo daré a conocer, para que el amor con que me amaste esté en ellos y yo en ellos»* (*Juan 17:26*).

¿Amas a tus hijos con la misma intención con la que te ama Dios, de modo que «el amor con el que Él te ama esté en ellos»?

Cristo vino a darnos una relación viva con Él y su Padre. Estaba tan enamorado del Padre que dijo: «Solo hago lo que oigo decir al Padre y hago lo que está haciendo el

Padre». A la humanidad que tiene la opción de rechazar, Jesús le modelaba a cada instante lo que hacía el Padre. Jesús dio ejemplo de cómo vivir una vida que, al final, tenía que dar solo para que nosotros podamos tener la misma relación que Él tenía con el Padre.

Mi hijo menor, Joshua, vive de la manera en que yo quisiera vivir. Hace poco, mientras jugábamos béisbol, quemaba mi mano con la velocidad de sus lanzamientos a cuatro metros y medio de distancia. Cada lanzamiento era con todas sus fuerzas.

Le pregunté: «Joshua, ¿puedes tirar un poco más lento? Me estás rompiendo la mano. Solo respondió: «No puedo, papá. Tengo un brazo poderoso».

Corre de la misma forma, con todo su corazón. Admiro el valor y la libertad en que vive. Me pregunto si eso es lo que Jesús les trataba de enseñar a sus discípulos cuando les dijo que al Reino de Dios debemos entrar como niños. Ese valor solo emerge de una profunda confianza.

Como padres, debemos ser diligentes para plantar en nuestros hijos la diferencia entre vivir con la sonrisa de su Padre contra sentir su necesidad de ganar su sonrisa. Hacemos esto al modelarles el amor de Dios... tu amor por ellos no se basa en lo que hacen, sino en el hecho de que son tus hijos. Y les enseñamos cómo el amor de Dios actúa para ellos de la misma manera. A medida que empiezan a comprender este concepto, se verán atraídos con naturalidad a la búsqueda de los sueños que Dios ha puesto en sus corazones.

De sonrisas a sueños

Después que terminé de jugar en la Universidad Estatal de Youngstown, partí para la Liga Nacional de Fútbol. Me acuerdo que me dirigí al campo de novatos en

Hempstead, Nueva York, en mi flamante furgoneta con un acabado especial de pintura. Llevé mi nuevo televisor, el equipo de música y el refrigerador en un carro hacia mi residencia de estudiantes solo para enterarme que los novatos tenían que subir por la escalera hasta el séptimo piso. Un veterano se me acercó y dijo: «Oye, novato, tal parece que planeas quedarte». A lo que respondí: «No vine para marcharme». Sabía en mi corazón que se suponía que estuviera allí.

En el cuadro del campo de entrenamiento, estaba en lista como el séptimo centro. Habían reclutado a muchos centros durante esa temporada... y yo era el último en la lista. Entrenando a través del campo observé el favor del Señor moviéndome en todo el camino para el segundo en el cuadro principal. Además, mi carrera iba como la de un atleta profesional. Jugué para los *Jets*, y luego me mudé para jugar con los *Angeles Rams*. Luego regresé a Nueva York por un año a fin de jugar con los *Giants* antes de unirme a los *Philadelphia Eagles*.

Una noche durante el entrenamiento con los *Eagles*, no podía dormir. ¿Has tenido alguna vez una de esas noches cuando no puedes dormir porque sabes que el Señor quiere hablarte acerca de algo? Así que tomé mi Biblia y me fui a caminar en el campo. Mientras caminaba, escuché al Señor decir: «Devuélveme tu vida y predica el evangelio».

Estaba renuente a devolvérsela. Vivía lo que pensaba que era mi sueño. Había trabajado duro para alcanzarlo. Me resistí a esa vocecita. En la primera jugada de práctica a la mañana siguiente me rasgué los ligamentos de mi rodilla otra vez, en efecto, finalicé mi carrera. Fue la forma en que el Señor me despertó para mi siguiente sueño... un sueño que terminaría siendo significativamente más completo que los extenuantes sueños del ayer, los cuales estuve tratando de mantener a toda costa. Con la comprensión del amor incondicional de Dios por mí, empecé a perseguir con total abandono el nuevo sueño que Él puso en mi corazón. Puesto que sabía que me amaba, sin importar lo que pasara, ¿qué riesgo había? No podía desilusionarlo al perseguir los sueños que había plantado en mí.

¿Alguna vez te has preguntado por qué tus sueños parecen estar tan lejos y sientes que no puedes lograr estar allí? Jesús nos modeló la manera de alcanzar nuestros sueños mientras vivimos para la sonrisa del Padre. He llegado a darme cuenta que hay tres cosas que exige cada sueño: un precio, despreciar la vergüenza y un entendimiento de lo que Dios quiere darte.

La primera cosa que exige cada sueño es un precio. «Por el gozo puesto delante de Él», Jesús soportó la cruz. Los sueños no son gratuitos; es más, pueden ser muy costosos. Tomar tu cruz significa que tienes que estar dispuesto a negar los placeres presentes y las distracciones para una ganancia a largo plazo. Muchas veces, Cristo llegó al momento cuando tenía que negarse a sí mismo, en vez de reclamar sus derechos. Aunque era Dios, se despojó y se convirtió en un siervo y un esclavo. Todo sueño valioso tiene un precio adjunto, un trueque que requiere que digas «no» a otra cosa que valoras. No obstante, si no puedes vivir con la sonrisa del Padre, no importan los trueques. Deja de preocuparte por ellos.

Todo sueño exige el desprecio de la vergüenza. Eso es lo que Jesús tuvo que soportar cuando cargó la cruz. Aceptó el papel que le dio su Padre, aun cuando a los ojos del mundo debía haberse sentido tonto y avergonzado. ¿Te imaginas al Hijo de Dios que le desvistan en público y lo crucifiquen de esa manera? Sé que muchos de ustedes que leen este libro han visto la película: *La pasión de Cristo*. ¡Qué obra de arte tan asombrosa! Algunas personas dicen que es muy brutal. Otras dicen que ni siquiera se acerca a lo que soportó Cristo. Cada sueño basado en el Reino trae consigo el riesgo de que el mundo no lo entenderá. Las cosas enviadas del cielo y que tratan del Reino requiere un «absurdo» nivel de fe y confianza. ¿Cómo lo logras? ¿Cuántas veces has dado pasos en fe, esperando que fuera del Señor?

Todo sueño exige un entendimiento de lo que Dios quiere darte. Jesús «se sentó a la diestra del Padre». Para alcanzar todo lo que Dios te ha llamado a hacer, tienes que estar dispuesto a sentarte en ese sitio y a hacer todos los cambios requeridos. No hay forma de hacerlo a menos que sepas que eres amado y quién es tu Padre. El que te nombra determina tu destino. El que te nombra determina cómo enfrentarás el sacrificio, la vergüenza y el sentarte donde está sentado Él. Si no fuera la voz del Padre, a la larga el asiento no será lo bastante adecuado. ¿Alguna vez has conocido a alguien que ha construido su vida entera alrededor de la aprobación de otra persona, para luego darse cuenta que había recostado su escalera contra el edificio equivocado?

No sé cuántas veces he tenido que verme a mí mismo y a otros hacer cosas para la audiencia indebida. La verdad es esta: La audiencia para la que actúas refleja la aprobación que buscas. Si el Presidente te invitara a la Casa Blanca para recibir un premio de toda la vida y te asignaran una mesa para cinco personas en el banquete, ¿qué nombres elegirías, ya sean vivos o muertos? Eso te dirá quién está en la audiencia que invitaste. Para algunos, es la madre o el padre que nunca les mostró amor. Para otros, quizá sean amigos o socios de negocios.

Sin embargo, el Señor ha cambiado la audiencia por este viejo jugador de fútbol. Veo a mi Padre celestial allí. Y veo a su Hijo. Claro, hay algunas personas que también me gustaría tener allí, pero sé que, a la larga, lo que piensa Dios es lo que en realidad importa y nos convierte en la persona que nos ha llamado a ser.

Lo mismo sucede con tus hijos. ¿Están viviendo con la sonrisa de su Padre en los cielos? Para lograrlo, antes deben tener tu sonrisa. Si no ven la sonrisa de papá, es mucho más duro conectarlos con Aquel que les sonríe desde arriba.

A los hijos que no conocen la sonrisa de sus padres les resulta difícil escuchar el llamado de Dios en sus vidas. No saben cómo hacer sacrificios, correr riesgos y obtener todo lo que traen consigo sus sueños. Sin embargo, tú puedes cambiar el destino de la vida de tus hijos al plantar estas verdades en ellos. Puedes distinguirte en sus vidas de una manera auténtica y duradera. Entonces, ¿cómo hacemos eso?

**Para la guía de estudio y las preguntas
del capítulo cuatro, visita:
www.thedifferenceafathermakes.com**

CAPÍTULO CINCO

La creación de la sonrisa de Dios en tus hijos

Entonces, ¿cómo creas la sonrisa de Dios en tus hijos? ¡Eso empieza primero contigo! Es cierto que el ejemplo habla más que la enseñanza. Cuando encontraba su sonrisa para mí, era una transición fácil decirles a mis hijos en la forma que me hablaba el Padre. Cuando descubrí que el corazón de Dios hacia mí estaba tan lleno de gozo y bendición, que Él se regocijaba en mí, eso cambió mi forma de orar, leer la Biblia y adorar. Incluso, me dio una perspectiva diferente cuando entraba en tiempos de dificultad en la vida. Al comprender el corazón del Padre hacia ti, cambiarás tu manera de vivir.

En 1 Juan 4:19 encontramos: «*Nosotros amamos, porque Él nos amó primero*». Cuando mi corazón está lleno de su amor por mí, eso me permite amar a mi esposa y mis hijos con tal pasión que sé que no hay posibilidad que emane de mí. Ahí es donde empiezas a forjar el ambiente que muestra la sonrisa de Dios en sus vidas. Cuando amas a alguien con todo tu corazón, ¿qué quieres hacer por ellos? Quieres bendecirlos. Ese es nuestro punto de partida.

La bendición

Cuando bendices algo o a alguien, te permite seguir adelante. ¿Cuántas veces has visto a alguien paralizado en la vida debido a que no sabe quién es o para qué está aquí? Puedes ver lo que podría ser su vida, pero la visión de su identidad está con una máscara por la interrogante: «¿Quién soy yo?». Tengo que llegar a darme cuenta de la responsabilidad poderosa que Dios coloca en cada hombre que cría hijos. Es el poder de bendecir.

Tengo un amigo que ministra a prisioneros y le hace a cada recluso la misma pregunta: «¿Tu padre alguna vez te dijo que podrías terminar en prisión?». Me dijo que casi todos los reclusos a los que les hace esta pregunta expresan que sus padres les dijeron que la prisión estaba en sus futuros. Nuestras palabras son instrumentos poderosos. Considera lo que Santiago escribió:

> *Ahora bien, si ponemos el freno en la boca de los caballos para que nos obedezcan, dirigimos también todo su cuerpo. Mirad también las naves; aunque son tan grandes e impulsadas por fuertes vientos, son, sin embargo, dirigidas*

> *mediante un timón muy pequeño por donde la voluntad del piloto quiere. Así también la lengua es un miembro pequeño, y sin embargo, se jacta de grandes cosas. Mirad, ¡qué gran bosque se incendia con tan pequeño fuego!*
>
> Santiago 3:3-5

En otras palabras, un pequeño timón para la vida de tus hijos en las manos de un padre hábil puede fijar el curso para la dirección de sus futuros. Una palabra de bendición habilita a tus hijos a creer que sus papás creen en ellos. ¿Tuviste un padre que habló bendiciones sobre tu vida?

Cuando declaras lo que está en tu corazón sobre tus hijos, consolidas la sonrisa de Dios sobre su futuro. Esta bendición anuncia el comienzo de una nueva época... terminó el antiguo estilo de solo ser una niña o un niño y ahora están listos para enfrentar los desafíos y sueños de sus próximos capítulos en la vida.

El llamamiento de nuestros hijos no significa que terminó su carrera ni que hayan alcanzado la madurez. El acto de hacerles un llamado es más que darles un permiso afirmativo de que ahora están listos para los desafíos futuros. Te contaré acerca del rito de paso de mi hija Mary.

El rito de paso de Mary

Mary es mi danzarina, bailarina, actriz y reina de belleza, todo en uno. Por varios años, Mary oyó la historia de Jessica y su llamamiento a ser mujer y experimentó algo de celos. Siempre preguntaba: «Papá, ¿cuándo me voy a convertir en una mujer?». Mary sabía que su vida cambiaría al convertirse en mujer. Mary había visto la transformación de sus hermanos mayores. Dijo: «Cuando me convierta en mujer, tendré más responsabilidad. Me respetarán, me escucharán y dejarán de tratarme como a una niñita. También me emocionaré con lo del anillo porque será un símbolo de quién tiene mi corazón y quiero que mis amigos vean eso».

Al principio, Mary lo preguntaba todos los meses y luego la frecuencia se incrementó a cada semana. A medida que la fecha se acercaba a las diez semanas, comenzó la cuenta regresiva diaria. Oraba por esto y me sentí que sus catorce años serían los apropiados para su «ceremonia».

Al fin, se compró el anillo y llegó la noche. Seleccioné un anillo especial hecho en Irlanda, representando dos manos sosteniendo un corazón. El restaurante que elegimos, Mr. Stocks, era conocido por la preparación de los mejores bistecs en el pueblo. Después de dos horas de preliminares, Mary salió del baño con su cabello recogido y atado, y un nuevo y hermoso vestido. «¡Vaya!», dije. ¡Me dejó boquiabierto! ¿Sabes ese momento cuando tu pequeña de «La casa de la pradera» se convierte en «diva»? Estaba deslumbrante. «¡Contemplen a la mujer!», exclamé. Mi hija estaba ahora finalizando su etapa de niñita, haciendo la transición al primer capítulo de su identidad de adulta.

Mary, tomando mi brazo mientras nos dirigíamos al auto, dijo: «Papito, una dama necesita tener la puerta de su auto abierta. Un caballero siempre abre la puerta para una dama». ¡A mi esposa le agrada las clases que me están dando mis hijas!

Llegamos al restaurante y recorrimos el largo vestíbulo hacia la puerta principal. Me imaginaba el momento en el futuro cuando caminaría con Mary por otro pasillo, entregándosela al hombre escogido por Dios. El camarero nos saludó y nos sentamos en una mesa especial al fondo del restaurante. Mary a duras penas podía contenerse, estaba inquieta y emocionada, moviéndose de lado a lado en su silla. Empecé su rito de paso diciéndole todas las cosas que me agradaba de ella.

He aquí solo algunas:

La miré a los ojos y le dije: «Desde el día que naciste, sabía que Dios tiene planes especiales para ti. Dios te ha hecho hermosa, tanto en tu interior como tu exterior. Me gusta tu corazón, Mary. Cada vez que entras a una habitación, la alumbras. Has demostrado muy a menudo una habilidad sorprendente para alcanzar a otros y cuidarles, muchas veces a expensas de tus propias necesidades. Le das un abrazo a todo el mundo, conoces a alguien y le dices: "Hola, soy Mary. ¡Es bueno conocerte!". No te puedo decir cuántas veces te me has acercado, me has dado un gran beso y me has dicho: "Te amo, papito".

»¡Tú alumbras mi vida, Mary!

»No solo eres hermosa y tienes un espíritu amoroso, sino que Dios también te ha dado una mente hermosa. Eres una de las personas más inteligentes que conozco y me gusta la forma en que haces todo con todo tu corazón. ¡Excepto por tu dormitorio! Los informes de tu escuela me han asombrado. Me pasaste con mucho de mi mejor trabajo cuando tenía tu edad. Estoy muy orgulloso de ti.

»Te gusta la aventura. Me fascinan las historias que cuentas de cuando tú y Alana regresaron de los viajes. Eres una persona que les muestras el amor de Jesús a otras personas, conociendo a la gente más interesante en el mundo o descubriendo tesoros piratas en los arrecifes. Mary, Dios ha puesto su favor en tu vida; Él tiene una aventura sorprendente esperando por ti».

Mientras pensaba en el amor que siento por mi Mary, me resultaba difícil contener las lágrimas. He aprendido que estoy muy lleno de vida como hombre y padre, cuando me permito derramar mi corazón en mis hijos. Todo lo que puedo decirte es que mi Padre en los cielos inyectó en mi corazón su amor por mis hijos, de manera irreversible.

Continué abriéndole mi corazón a Mary:

«También me gusta el respeto y el cuidado que les muestras a tus amigos, la forma en que les amas y sirves. Tu corazón es tan tierno que algunas veces te hieren con facilidad. Somos iguales de alguna manera [...]

»Cuando descubriste que no había un club cristiano en tu escuela primaria, fuiste a ver al director y le pediste permiso para empezar uno. Tú y tus amigos empezaron a reunirse y a testificar de tu fe. Cuando no les tenías respuestas, venías a casa en las noches y hacías preguntas para tener algo útil que decirles. También me gusta tu osadía. Nunca le temes a ponerte firme y decir la verdad [...]

»Siempre eres y serás mi princesa. Recuerdo que cuando eras pequeña, te ponías un sombrero de princesa con su cinta y corrías yendo y viniendo delante de mi oficina para captar mi atención».

Después de una media hora de afirmar y dar cumplidos, le hablé a Mary del ejemplo bíblico de una mujer virtuosa, inspirándome en Proverbios 31.

Entonces busqué en mi bolsillo y saqué el anillo. Sostuve su mano y empecé a deslizar el anillo en su dedo mientras decía: «Mary, te doy este anillo porque te amo. Quiero que sepas que este anillo es el símbolo de tu compromiso entre tú, yo y Dios, que guardarás tu cuerpo físico de cualquier chico hasta el día en que le des este anillo a tu esposo en el altar. ¿Harás eso?». Sus ojos se llenaron de lágrimas. Me dijo: «Sí, papito, lo haré». Terminé de deslizar el anillo en su dedo y dije: «Mary, de ahora en adelante, ya no eres una niñita; eres una mujer».

Saltó al otro lado de la mesa y me dio el abrazo más dulce que un padre podría recibir de su hija, muy similar al abrazo que recibiré el día que recorra con ella el pasillo para entregársela a su futuro esposo.

El regalo del permiso

No te puedo decir cuánta gente joven he conocido que nunca ha recibido el permiso para tomar posesión de una nueva etapa de sus vidas. Una gran parte de lo que sucede durante un rito de paso es que el padre llama al niño a entrar en una relación de adulto con Dios así como también en una relación de adulto con sus padres. Este permiso los mueve a su siguiente etapa donde ya no solo tendrán la responsabilidad fundamental ante sus padres, sino que la tendrán en su propia relación con Dios. Dejarán de mirar en primer lugar a papá por aceptación y validación. Tu sonrisa solo los ancla en la ternura y búsqueda incesante de su Padre celestial. Me gusta la manera en que C.S. Lewis describió la búsqueda del Padre.

El constante e implacable acercamiento
de Aquel que de veras no quería conocer [...]
Nunca tuve la experiencia de buscar a Dios.
Fue al revés. Él fue el cazador y yo el ciervo.
Me acechó como un piel roja, me apuntó con
precisión y me disparó.

Este permiso es muy importante porque los ayuda a salir de la identidad de adolescente, casi siempre definida por su resistencia a la imposición moral, las expectativas y las normas de comportamiento de sus padres. Esto los

> Para mí, fue como una bombilla que estalló en mi corazón cuando me di cuenta que mi hijo no me odiaba; solo quería permiso para ser su propio hombre.

acerca a descubrir quiénes son basados en su verdadera identidad como hijos amados de Dios. ¡La pérdida de este paso puede hacer aun más difíciles los años ya difíciles de la adolescencia! Para mí, fue como una bombilla que estalló en mi corazón cuando me di cuenta que mi hijo no me odiaba; solo quería permiso para ser su propio hombre. Ese fue un gran día en el hogar de los McGlasson.

Las promesas que hacen (de castidad, sinceridad, elecciones de salud, etc.) no son en realidad a sus padres, sino a su Padre celestial, en una nueva relación más adulta, más vital, más directa. Parte «del tiempo adecuado para este rito» es que hemos percibido que a la adolescencia ya la motiva una relación más madura con Dios, su Padre supremo. Tu permiso de afirmación les da el valor para salir con este compromiso. He visto a mis propios hijos pasar de un tiempo de recreo a una saludable conciencia de sus dones singulares y llamado.

Sin este permiso muchos jóvenes salen impelidos a la vida con la motivación de los juegos y las diversiones, como la pegatina del parachoques que vi en un vehículo de recreo que remolcaba un bote, dos bicicletas sucias montadas en el remolque y diversos productos de recreación atados al techo. Decía: «El ganador es el que tiene la mayor cantidad de juguetes al final del juego». ¡Eso no es lo que quiero para motivar a mis hijos a lo largo de sus vidas de adultos!

¿Qué compromisos estás alentando para que hagan tus hijos? ¿A quién le das permiso para que sean tus hijos?

La expresión de la confianza

La bendición a tus hijos y la mención del gran potencial que ves en ellos los faculta para comprender que les hicieron únicos para un propósito. Los une de forma directa a su autoestima y confianza. Recuerda lo torpe que te sentiste con tu cuerpo cuando empezó la adolescencia. Tu cuerpo estaba cambiando, las chicas dejaron de tener aversión por los chicos. Sus cuerpos empezaron a ponerte nervioso. No tener la voz de un padre en el hogar hace aun más confuso este tiempo. La tradición del bar mitzvá parece ser divinamente planificada a los trece años de edad, ¿verdad? ¿Cuánta gente joven has visto perder sus futuros juntándose con la gente mala? Si alguna vez existe una etapa de desarrollo que requiere la voz firme de un padre amoroso, es durante este tiempo.

La presión que nuestras hijas enfrentan en el instituto, tales como amigos que se han desarrollado más rápido, el bombardeo de imágenes sensuales en los medios de comunicación, las furiosas hormonas de los chicos, puede llevar a la locura a un padre. Descubrí algo por accidente acerca de los efectos de las salidas con mi hija. La combinación de la bendición que les di y el aprendizaje de cómo ser siempre cariñoso liberaron una conciencia física saludable en mis hijas. Les di una mayor confianza en lo que son y cómo se ven. Un amigo mío dijo una vez: «La confianza es el subproducto de la previsibilidad». Cuando tus hijas saben lo que piensa papá, la confianza resultante les da la posibilidad de resistir las costumbres sexuales de esta cultura. En otras palabras, pueden decir «no» y con convicción. Cuando sabes quién eres y para lo que estás, puedes decir «sí» y «no» con seguridad. Mi esposa me enseñó que la opinión de mis hijas de su propio cuerpo está directamente relacionada a mi muestra de afecto hacia ellas. Mis salidas con mis hijas han hecho mucho más de lo que hubiese imaginado. Nuestras hijas aún tendrán que tomar sus propias decisiones en el futuro, pero considero que darles el fundamento apropiado las alejará de los avances de un «pretendiente».

El fortalecimiento de la confianza

La bendición también cambia la naturaleza de la forma en que te relacionas con tus hijos. Hasta los años de la adolescencia, la crianza de los hijos sucede de arriba abajo. La mayoría de la formación es sobre tus reglas y la forma en que quieres que se comporten. ¿Has aprendido, como yo, que los presos desean ser libres?

Desearía poder decirte que entré en mi nuevo papel con facilidad. Hubo tiempos cuando podías ver el vapor saliendo de mi cabeza cuando no se seguían mis reglas; solo más tarde comprendí que mi estilo usual de liderazgo no resultaría nunca más. Muchos de los problemas de padres de adolescentes con los que he tratado, vienen de padres que tratan de usar las mismas regañinas con sus adolescentes que daban resultados cuando eran pequeños.

Escuché cosas de los adolescentes como: «Quiero que mi padre me respete y confíe en mí» o «Quiero tener mi propio espacio». El desarrollo de su viaje a la adultez comienza en sus corazones y cuerpos mucho antes de lo que son capaces de comprender lo que sucede dentro de ellos. Los adolescentes quieren que les respeten y confíen en sus decisiones. Aprendiendo a no dar consejo hasta que lo pidan, dejándoles sugerir sus propias reglas y cambiando de padre a entrenador, a veces tengo que extenderme y pasar el límite de mi habilidad. El aprendizaje de no dar la respuesta antes que la pidan... ¡eso fue algo duro! Mi oración número uno durante ese tiempo fue: *«Dios, ¡ayúdame antes que me vuelva loco!»*.

Cuando empiezas a tratar a tus hijos como adultos, les comunicas tu confianza y sienten que su voz cuenta en esos asuntos. Tu confianza en ellos causa que canten la canción que Dios puso en sus corazones.

Sin embargo, ¿dónde encaja la rendición de cuentas en el cuadro? Para los padres, es aterrador cederles poder a los chicos. La verdad es que si no los liberas para vivir su próxima etapa, no obedecerán tus reglas. Podrás verlos seguir sus propias reglas cuando estén con sus amigos.

Cuando tus hijos tienen su propia voz para definir sus normas y reglas, el asunto de rendición de cuentas resulta mucho más fácil de manejar. Cuando empiezan a romper las reglas que crearon, son muy claras las preguntas sobre la rendición de cuentas.

El rito de paso de Mary, segunda parte

Nuestra camarera se acercó con sigilo hasta nuestra mesa y observaba a la distancia. La camarera miró las lágrimas de Mary y sus ojos hinchados y preguntó:

—¿Te sientes bien?

—¡Sí! —dijo mi hija levantando la mirada.

—Entonces, ¿por qué estás llorando? —preguntó la camarera.

—¡Porque me convertí en mujer! —respondió Mary.

—¿Qué te convertiste en qué? —preguntó la camarera con una mirada de incredulidad.

—En mujer —respondió Mary—. Me convertí en mujer. Mi papá me trajo aquí esta noche para enseñarme qué es una mujer... para decirme que ya no soy una niña pequeña, sino una mujer. Quería decirme que me ama y cree en mi.

La camarera continuó haciéndoles preguntas a ambos acerca de lo ocurrido. Hizo una declaración que he escuchado muchas veces:

—Me hubiera gustado que mi papá hubiera hecho esto conmigo. Creo que mi vida hubiera sido diferente de lo que es. He tenido muchos momentos que han roto mi corazón, y la relación en la que estoy está casi acabada.

Había lágrimas en sus ojos mientras trataba de contener el llanto. Mary y yo nos acercamos a esta joven y le preguntamos si podíamos orar por ella. Observé a mi nueva hija adulta poner sus manos sobre esta mujer de treinta y cinco años de edad y pedirle al Padre que bendijera su vida. Ella reprimió sus lágrimas y nos dijo que habíamos hecho de su noche algo bueno.

Esa camarera fue una bendición enviada de Dios a Mary esa noche. Esto marcó el comienzo de la vida adulta de mi hija. Mary más tarde me dijo que, cuando se convirtió en mujer esa noche, empezó a darse cuenta el honor que significaba ser «la clase de mujer que vive para Dios y que esto es determinante». Cuando Mary le dijo a la camarera lo que acababa de sucederle, observé que cobraban vida en ella las cosas que había proclamado.

LA CREACIÓN DE LA SONRISA DE DIOS EN TUS HIJOS

Para poder decir con certeza: «Me acabo de convertir en mujer», consolidaba más aun lo que acababa de sucederle a Mary.

He descubierto que este pequeño ritual, esta celebración de la singularidad de mis hijos y de mi reconocimiento de su creciente identidad de adultos, los ancla en una base de aceptación que es transformacional. No solo saben quiénes son, sino que saben con certeza que su papi los conoce y los valora de manera profunda.

Mis hijas tienen amigas cuyos padres no comprenden esta verdad ni saben siquiera qué hacer. Hambrientas del afecto y el reconocimiento de sus padres, buscan un chico para tratar de llenar esta necesidad. He hablado con muchas jóvenes que han estado involucradas en relaciones ilícitas y nada saludables con chicos, porque sus padres no supieron cómo expresarles su afecto.

Sin embargo, no hay solución infalible. Algunas veces una hija puede demostrar gran afecto, su padre hace todo lo adecuado, y todavía ella puede optar por tomar elecciones malsanas. Nuestro trabajo es construir el fundamento; el de ellas es construir la casa. Deseo poder decir que es una fórmula mágica, pero la crianza de los hijos es más un arte que una ciencia. Estar dispuesto a improvisar en el momento, basado en el poder rector del Espíritu Santo, te traerá a casa.

¿Qué crees que significa para tu hija el término «mujer»? La respuesta a esa pregunta puede sorprenderte. La respuesta se modela en la forma que amas a tu esposa: cómo sales con ella, hablas y la celebras. Esto define en la mente de tu hija lo que significa en realidad convertirse en una mujer. La frase «tú eres una mujer» significa poco si no has dado el ejemplo a través de amar a su mamá.

Recuerda que las mamás quieren tener citas, aprecien, mimen y honren. Nuestros hijos apren[den] de nosotros de lo que hacemos, no de lo que deci[mos].

Me gusta la letra de la canción «El mejor día [de mi] vida», de George Strait. Esta canción cuenta la hist[oria de] un padre y su hijo en el día de la boda del hijo.

Parado en un pequeño cuarto
detrás de la iglesia llevando nuestros esmóquines
mirándole le digo: No puedo creer hijo que has crecido.
Él dijo: Papá
este puede ser el mejor día de mi vida
lo he soñado día y noche
de ser como tú
ahora es mío y de ella.
Mirándote a ti y a mamá he aprendido
que soy el hombre con vida más bendecido
este es el mejor día de mi vida.

«Mirándote a ti y a mamá he aprendido». ¡Qu[é] verso! Uno de los mayores regalos que puedes darle[s a tus] hijos es el amor desmesurado por tu esposa.

Sé que algunos de ustedes al leer esto ya no [están] viviendo con su esposa. No escribo estas palabra[s para] avergonzarte; pero incluso después del divorcio, un [padre] puede distinguirse, aun si has estado separado por lo[s muros] de los tribunales o por distancia. ¿Qué haces s[i estás] desconectado de manera física o emocional de tu[s hijos] ahora mismo? El divorcio, las adicciones y la adre[nalina] de los estilos de vida han separado a muchos padres [de sus] hijos. Ahora es el día para empezar siendo determin[ado].

Recuerda que las mamás quieren tener citas, que las aprecien, mimen y honren. Nuestros hijos aprenden más de nosotros de lo que hacemos, no de lo que decimos.

Me gusta la letra de la canción «El mejor día de mi vida», de George Strait. Esta canción cuenta la historia de un padre y su hijo en el día de la boda del hijo.

Parado en un pequeño cuarto
detrás de la iglesia llevando nuestros esmóquines
mirándole le digo: No puedo creer hijo que has
crecido.
Él dijo: Papá
este puede ser el mejor día de mi vida
lo he soñado día y noche
de ser como tú
ahora es mío y de ella.
Mirándote a ti y a mamá he aprendido
que soy el hombre con vida más bendecido
este es el mejor día de mi vida.

«Mirándote a ti y a mamá he aprendido». ¡Qué gran verso! Uno de los mayores regalos que puedes darles a tus hijos es el amor desmesurado por tu esposa.

Sé que algunos de ustedes al leer esto ya no estén viviendo con su esposa. No escribo estas palabras para avergonzarte; pero incluso después del divorcio, un padre puede distinguirse, aun si has estado separado por los muros de los tribunales o por distancia. ¿Qué haces si estás desconectado de manera física o emocional de tus hijos ahora mismo? El divorcio, las adicciones y la adrenalina de los estilos de vida han separado a muchos padres de sus hijos. Ahora es el día para empezar siendo determinantes.

Para poder decir con certeza: «Me acabo de convertir en mujer», consolidaba más aun lo que acababa de sucederle a Mary.

He descubierto que este pequeño ritual, esta celebración de la singularidad de mis hijos y de mi reconocimiento de su creciente identidad de adultos, los ancla en una base de aceptación que es transformacional. No solo saben quiénes son, sino que saben con certeza que su papi los conoce y los valora de manera profunda.

Mis hijas tienen amigas cuyos padres no comprenden esta verdad ni saben siquiera qué hacer. Hambrientas del afecto y el reconocimiento de sus padres, buscan un chico para tratar de llenar esta necesidad. He hablado con muchas jóvenes que han estado involucradas en relaciones ilícitas y nada saludables con chicos, porque sus padres no supieron cómo expresarles su afecto.

Sin embargo, no hay solución infalible. Algunas veces una hija puede demostrar gran afecto, su padre hace todo lo adecuado, y todavía ella puede optar por tomar elecciones malsanas. Nuestro trabajo es construir el fundamento; el de ellas es construir la casa. Deseo poder decir que es una fórmula mágica, pero la crianza de los hijos es más un arte que una ciencia. Estar dispuesto a improvisar en el momento, basado en el poder rector del Espíritu Santo, te traerá a casa.

¿Qué crees que significa para tu hija el término «mujer»? La respuesta a esa pregunta puede sorprenderte. La respuesta se modela en la forma que amas a tu esposa: cómo sales con ella, hablas y la celebras. Esto define en la mente de tu hija lo que significa en realidad convertirse en una mujer. La frase «tú eres una mujer» significa poco si no has dado el ejemplo a través de amar a su mamá.

hace poco. Perdió su trabajo, su auto y no podía pagar sus cuentas. Todo a su alrededor se desintegraba.

—He probado hacer de todo lo que sé, pero todo se desmorona —declaró.

Después de escuchar su historia, le pregunté si su padre le había dicho alguna vez que creía en ella, si alguna vez le afirmaba y le dijo cuánto la amaba por la persona que era. La mujer rompió a llorar de inmediato.

—No —respondió—. El otro día cuando le contó a la iglesia acerca del día especial de Mary, me quebranté. Tuve que dejar el salón porque no podía dejar de llorar. He querido que mi padre haga eso toda mi vida. Sin embargo, no estaba presente.

Sensible a eso, este era uno de esos «momentos de Dios», extendí mi mano y le dije si podía orar con ella. Le dije que el Padre en el cielo había venido hoy para cambiar su futuro.

—Tú necesitas comprender algo —le dije.

—¿Qué? —me preguntó.

—Tu Padre en los cielos quiere que sepas que Él cree en ti y yo también —le dije.

Sus lágrimas empezaron a derramarse mientras continuaba:

—Él no te ve como un fracaso. A partir de ahora, ya no eres una niñita. Eres su mujer.

—He estado esperando por este momento toda mi vida. Todo lo que he querido es que me amen y cuiden —respondió quebrantada por el amor del Padre.

Unas pocas noches más tarde, su madre se me acercó y me dijo: «Usted nunca sabrá cuánto bendijo esa experiencia a mi hija. Traté de hacer de todo lo que pude por ella como mamá soltera, pero necesitaba un padre que le hablara a su vida y que creyera en ella. Sus palabras

CAPÍTULO SEIS

Besos y abrazos: Tu plan estratégico

Exploremos algunos principios aprendidos acerca de la ayuda en la transición eficaz desde la adolescencia a la adultez. Mientras los revisamos, analiza qué pensamientos o imágenes surgen en tu mente acerca de tus relaciones con tus propios hijos.

1. Llena a tus hijos con afirmaciones positivas.

¿Qué es lo que más deseabas de tu papá o tu padrastro? Sé lo que deseabas. Yo quería que estuviera orgulloso de mí como su hijo. ¿No esperabas tú lo mismo?

En nuestra iglesia, hay una mamá soltera de más o menos veinte años cuya vida empezó a caer en picada

He visto a un sinnúmero de papás llegar a un arreglo con la vergüenza sentida por la falta de habilidad para hacer que su matrimonio dé resultado, o incluso el dolor que les causaron a sus propios hijos. No obstante, decidieron pararse firme y ganar de nuevo los corazones de sus hijos.

Había un hombre en mi iglesia que no había visto a su hijo por más de veinte años. Sus intentos de reconectarse se rechazaron. Mientras hablaba acerca de su hijo, sus ojos se llenaron de lágrimas. Su historia es común: un divorcio amargo, heridas y cóleras de ambos lados, y su hijo optó por su mamá al decirle a su papá que no quería volverle a hablar jamás. Esta experiencia dejó a este padre sintiéndose sin esperanza para poder distinguirse en la vida de su hijo.

Nos tomamos de las manos ese día y le pedimos a Dios que cambiara el corazón de su hijo. Lo alenté a escribirle a su hijo una carta y decirle que lo había extrañado y cuánto anhelaba reconectarse con él.

«Trataré» dijo él, «pero es probable que nunca responda». Su hijo lo llamó la semana que recibió la carta y dijo: «Papá, pensaba que no me querías. Cuando te divorciaste de mamá, pensé que se debía a que no me querías y tu silencio todos estos años reforzaron mucho mis suposiciones acerca de lo que pensabas de mí».

Después de una llorosa conversación telefónica, hicieron arreglos para encontrarse. Deberías haber estado allí cuando este padre restaurado regresó de su viaje. «Pasamos gran parte del tiempo llorando y pidiéndonos perdón el uno al otro», me dijo. El momento culminante fue cuando cargó a su nieto por primera vez. ¡Esto quebrantó a ese papá! Me dijo que su propio padre nunca fue capaz de decirle cosas como: «Hijo, te amo» o «Creo en ti». Jamás tuvo un modelo que le enseñe cómo ser generoso con sus hijos tanto de palabras como de manera física. Su restauración con su hijo evocó todas las respuestas emocionales y físicas que siempre había querido expresar. Su corazón lo había llamado a la acción y, al final, el amor significa poco cuando no está arraigado en la acción.

Este libro no proviene de un papá que tiene todas las respuestas, sino de un hombre, como tú, que captó un mensaje del cielo, un mensaje de cómo podemos recrear en las vidas de nuestros hijos la clase de «bautismo de desarrollo» que el Padre le dio a Jesús al principio de su adultez. Estoy convencido que debo aprender la manera de amar a mis hijos como el Padre amó a Jesús. Bendiciendo a mis hijos, los libero en sus derechos de nacimiento dados por Dios que producen la seguridad en sí mismos, el valor y la productividad que Él desea para ellos.

Después de leer lo que he tratado de hacer con mis hijos, ¿cuáles son algunas cosas que puedes hacer para honrar y celebrar a tus hijos? ¿Qué puedes hacer para que emprendan con éxito el camino de la confianza, la integridad y la estabilidad? ¿Cómo podrías distinguirte de manera habitual y valiente en las vidas de tus hijos?

**Para la guía de estudio y las preguntas
del capítulo cinco, visita:
www.thedifferenceafathermakes.com**

Primero, ¿quién establece la línea de meta? Para muchos, las normas del mundo definen la línea de meta. A menudo las definen «grandes hombres» y «grandes mujeres» debido a sus metas alcanzadas: los retos que tuvieron que enfrentar, las montañas que conquistaron, los trofeos que ganaron. ¿Son esas las evaluaciones del éxito que importan?

Todos necesitan sentirse ganadores. Cuando el apóstol Pablo escribió las palabras: «*He terminado la carrera*», expresaba que sabía lo que significaba la meta. Es posible para tu hijo o hija que alcancen algo mayor de lo que soñaran siquiera jamás porque tienen un papá que participa y afirma.

Recuerdo ver a Tiger Woods y su papá abrazándose después que Tiger ganara su primer *Masters* [torneo por invitación para profesionales] en un club de golf que solía discriminar a los afroamericanos. Lloré con todos cuando escuché a Tiger exclamar: «¡Papito, lo hicimos!». Esos son los momentos que nos inspiran y nos recuerdan los grandes gozos que acompañan a una paternidad auténtica. Tal vez no sea la victoria de un *Masters*, pero hay victorias específicas a través de cada vida de un hijo que se pueden, y se deben, celebrar.

La celebración ese día para Tiger de seguro fue por ganar el *Masters*. Sin embargo, en lo más profundo, fue también el viaje que junto a su papá realizaron juntos. Eso expresa la relación que necesitamos el uno con el otro, y con nuestro Padre, para convertirnos en todo lo que nos llamaron a ser. Juan explica nuestra relación con Dios de esta manera:

> *Mirad cuán gran amor nos ha otorgado el Padre, para que seamos llamados hijos de Dios; y eso somos.*
>
> 1 JUAN 3:1a

¿Te has preguntado alguna vez acerca de la intensidad del amor del Padre para ti? Como mencioné antes, en la oración final de Jesús antes de la cruz, le pidió a Dios el Padre: *«Yo les he dado a conocer tu nombre, y lo daré a conocer, para que el amor con que me amaste esté en ellos y yo en ellos» (Juan 17:26)*. En otras palabras, Jesús vino a darnos la misma vida que experimentó Él, una vida consciente de que su Padre lo amaba de manera total y completa. Jesús vino a traernos la misma relación que Él tenía con su Padre.

Una tarde mientras estaba sentado en mi oficina, experimenté el sabor de lo que el Padre en el cielo siente por nosotros. Mi hijo, Edward, estaba jugando en su primer torneo aficionado de golf importante. Yo miraba de cerca las anotaciones de Edward a medida que se anunciaban por la Internet. Cuando observaba el ingreso de la puntuación, ¡la intensidad de mi amor por él empezaba a brotar en mi corazón y me ponía a danzar alrededor de mi oficina! Lleno de tanto gozo, me vi gritando y cantando sobre él. ¿Hay algo más dulce que darse a sí mismo para ver a otros ganar en la vida?

Ese es el tesoro que hemos esperado para nosotros como padres... el danzar de gozo que viene de soltar todo lo que somos para distinguirnos en las vidas de nuestros hijos y otros que Dios trae bajo nuestro cuidado. Es una forma en la que conectamos la pequeña historia de nuestras vidas con su mayor historia.

Ese día fui el fan más entusiasta «desde casa». Estuve cantando, gritando y animando a Edward, aun cuando él estaba a casi cinco mil kilómetros en la costa este. Estaba tan emocionado que perdí la noción del tiempo, consumido con el gozo del momento. Al darme cuenta que me había retrasado cuarenta y cinco minutos para una reunión, salí disparado. Mientras conducía hacia la reunión, sentí un amor abrumador en mi corazón por Edward, y Sofonías 3:17 vino a mi mente: *«El Señor [...] se gozará en ti con alegría»*.

¿Has escuchado los gritos de gozo de tu Padre celestial que está proclamando sobre ti ahora mismo?

¿Cuándo fue la última vez que tus hijos escucharon tus gritos de regocijo por ellos? Cuando estés tan emocionado por el amor que tienes por tus hijos, ¡regocíjate! ¡Permite que resuene!

**Para la guía de estudio y las preguntas
del capítulo seis, visita:
www.thedifferenceafathermakes.com**

EPÍLOGO

El llamado

¿Cómo lo hice, papá? Mi amigo, Dan Paxton, me contó una increíble historia acerca de un niño que él entrenaba en un equipo de fútbol americano del instituto. Mientras el equipo de Dan organizaba por fin las piezas de un equipo de campeonato, tenían que derrotar a sus rivales para ganar el campeonato de la conferencia. El día del juego, los cielos se abrieron y descargó a cántaros la lluvia sobre el campo. A medida que se aproximaba la hora del juego, continuaba la lluvia torrencial, así que el campo era un virtual charco de lodo.

Más tarde, en la primera mitad de un juego sin anotaciones, Dan decidió hacer una jugada difícil y pidió el pase del balón en medio del terrible clima. Cuando el líder del equipo soltó la pelota, iba directa en el aire y tocó tierra en los brazos de un defensa que la llevó hasta la zona de gol.

Perdiendo por 6-0 al final del último cuarto, el equipo de Dan empezó a hacer su primera amenaza de anotación seria del juego. Mientras el equipo empezaba a mover el balón campo abajo, Dan sintió un tirón en su abrigo. Cuando se volteó para ver quién le halaba, vio a uno de los jugadores más raquíticos de su equipo. Con apenas un metro y medio de altura y cuarenta y cinco kilos de peso, Billy exigía la atención de su entrenador.

—¿Qué quieres? —preguntó Dan.

—Entrenador, quiero jugar —respondió Billy.

—Regresa a la banca —le dijo Dan.

A medida que el equipo se acercaba a la línea de veinticinco yardas, Dan sintió otro jalón en su abrigo.

—¿Qué? —contestó Dan otra vez.

—Entrenador, yo quiero jugar —dijo Billy.

—Por favor, regresa a la banca —le dijo Dan.

Entonces, con el equipo muy cerca a la línea de quince yardas, Dan sintió otro tirón en su abrigo. Se volteó de repente y vio que era Billy otra vez.

—¿Qué sucede contigo? —dijo Dan.

—Entrenador, mis padres se divorciaron unos años atrás y yo no he visto a mi papá en cinco años —dijo Billy—. Llegó hoy por avión y quiere verme jugar. Yo tengo que jugar, entrenador.

—¿En qué posición quieres jugar? —preguntó Dan.

—No me importa —dijo Billy.

Así que Dan instruyó a Billy para que fuera a la formación y envió a uno de los jugadores a la banca por una jugada.

Mientras Dan conferenciaba con uno de sus asistentes en la banca acerca de las jugadas que deberían hacer, levantó la mirada para ver a su mejor atacante saliendo del campo, pero era demasiado tarde.

De alguna manera, Billy dirigió una jugada y se puso en posición para recibir el balón. Cuando el centro lo lanza, golpea a Billy en la cara y este cae al suelo. En la loca carrera debido a la torpeza, el defensa convergió sobre Billy y la pelota acuatiza fuera de la línea y cae en los brazos de otro jugador. Entonces, dueño del balón, corre hasta la zona de anotación para el gol.

Un Billy jubiloso iba a la cabeza por la línea de banda con sus manos en alto y gritando: «¿Cómo lo hice?».

«*¿Cómo lo hiciste?*», pensó Dan.

Dan estaba todavía sorprendido de lo que acababa de suceder; no obstante, seguía descontento con la decisión de Billy que pudo haberle costado el partido. Con emociones mezcladas, Dan estaba listo para contestar la pregunta de Billy cuando miró a sus ojos y vio que Billy miraba hacia las gradas. Cuando Dan se volteó y miró al público, vio al papá de Billy parado y exclamando: «¡Lo hiciste genial, hijo! ¡Lo hiciste genial!».

«¿Cómo lo hice, papá?» ¿Ves?, Billy no estaba jugando por la aprobación ni la validación del entrenador; estaba jugando para su papá. Todo lo que quería saber era: «¿Qué piensa mi papá de mí?». ¿No es eso lo que tú querías cuando eras pequeño? ¿No es que lo quieres aún? ¿Qué diferente se vería tu vida si supieras con seguridad que tu Padre celestial siente ese gozo y ternura por ti que no puede parar de danzar?

CUANDO PAPÁ ESTÁ PRESENTE

¿Qué clase de padre serás tú?

Piensa en esa pregunta. ¿Cuál es la naturaleza de la brecha entre la manera en que has estado actuando como padre y el trabajo que te gustaría hacer? Conozco tu corazón. Sé el ansia que sientes para ejercer un papel vital, más que un papel secundario, en la vida de tus hijos. Ahora es el tiempo para frenar lo suficiente, para tomar en cuenta con sinceridad si vives o no el amor y el compromiso que sientes en tu corazón.

Hace poco estuve en la cafetería *Starbucks* tomando mi café habitual de la tarde, y recordaba el pasado cuando mis hijos eran pequeños. Jill estaría en la cocina cuando el sonido de mi auto al pararse causaría una reacción que sacaría a mis hijos de sus juegos de la tarde.

Eso era: «¡Llegó papá!».

Uno por uno mis hijos correrían a saludarme. Con gritos de «¡Papi! ¡Papi!», mis hijos volarían hacia mí. Aún los recuerdo apretando mis piernas con todas sus fuerzas. Mis niñas venían para besarme y abrazarme, diciendo: «¿Me quieres, papá?». Les respondía: «Con todo mi corazón». ¿Hay algo más dulce que el abrazo amoroso de los hijos? Mi hija Jessica solía decir: «¡Papito, te amo muchísimo!».

Una de las razones que escribí este libro es para restaurar el grito festivo en cada hogar a través del mundo de «¡Papito está en casa! ¡Y tengo muchas ganas de estar con él!».

¿Te unirías conmigo para hacer una decisión y añadir tu hogar a la lista de esos hogares donde la voz del padre vive en realidad? Parte de tu destino como hombre es amar a tus hijos con todo tu corazón e impulsarlos a que avancen hacia sus años de adulto, de la misma manera que el Padre celestial impulsó a Jesús hacia su ministerio de adulto. Uno de los más altos propósitos de un hombre es ser un padre generoso.

Hace muchos años, me desafió una historia en la Biblia que me enfrentaba a esta pregunta: «¿Qué clase de padre quiero ser?». En la historia de David y Goliat, el rey Saúl estaba observando a la distancia y vio algo en David que conmovió su corazón:

> *Saúl, al ver a David enfrentarse con el filisteo, le había preguntado a Abner, general de su ejército:*
> *—Abner, ¿quién es el padre de ese muchacho?*
> *—Le aseguro, Su Majestad, que no lo sé.*
> *—Averíguame quién es —le había dicho el rey.*
> *Tan pronto como David regresó, después de haber matado a Goliat, y con la cabeza del filisteo todavía en la mano, Abner lo llevó ante Saúl.*
> *—¿De quién eres hijo, muchacho? —le preguntó Saúl.*
> *—De Isaí de Belén, servidor de Su Majestad*
> *—respondió David.*
>
> 1 Samuel 17:55-58 (*NVI*)

Lo que Saúl decía en realidad era: «¡Quiero conocer al padre que crió a un hijo como este! Quiero conocer al hombre que convirtió a este muchacho pastor en un hombre de valor, confianza y fe que es hoy. ¡Quiero conocer a ese hombre!».

Recuerdo que pensé: «Quiero ser esa clase de padre». ¿Qué me dices de ti? ¿Qué clase de padre serás tú?

Acerca del autor

Ed Tandy McGlasson, ex defensor de línea en la Liga de Fútbol Nacional para varios equipos, pastorea la iglesia *Stadium Vineyard* en Anaheim, California. Después que sanara de una rodilla dañada que lo llevó a su conversión, Ed a la larga entró al ministerio después de otra rodilla dañada que dio fin a su carrera en la NFL. Ha disertado en numerosas conferencias por todo el país y alrededor del mundo. Ed y su esposa, Jill, viven en Anaheim con sus cinco hijos. Si quieres contactarlo para hablar o solo enviarle una nota, puedes hacerlo visitando la página Web del libro en:

www.thedifferenceafathermakes.com

Acerca del autor

www.theliferesearchinstitute.com

Tu historia

¡Quiero escuchar tu historia! Cuéntale a otros hombres cómo has logrado distinguirte en la vida de tus hijos. Ve a la página Web de este libro en:

www.thedifferenceafathermakes.com

En la página Web, podrás colocar tus historias y testimonios, leer relatos inspiradores de otros padres acerca de la crianza de los hijos, inscribirte para recibir nuestro boletín informativo y bajar recursos adicionales que te ayudarán en tu viaje.

Notas